Thomas Murner

Schelmenzunft

Thomas Murner

Schelmenzunft

ISBN/EAN: 9783744701372

Hergestellt in Europa, USA, Kanada, Australien, Japan

Cover: Foto ©ninafisch / pixelio.de

Weitere Bücher finden Sie auf **www.hansebooks.com**

Thomas Murners

der heil. Schrift und beider Rechte Doctors

Schelmenzunft,

aufs neue

mit Erläuterungen

herausgegeben.

HALLE,
bey Johann Jacob Gebauer,
1788.

Vorrede des Editors.

Ueberflüssig wäre es, viel von dem Verfasser des hier gelieferten Werkchens, der 1475 zu Straßburg gebohren worden und ungefähr um 1536 allda gestorben, anzuführen. Man kennt ihn aus G. E. Waldau zu Nürnberg 1775 in 8. auf sieben Bogen edirten Nachrichten von Thomas Murners Leben und Schriften, aus welchen H. D. J. sein Etwas über Murners Leben und Schriften im deutschen Museum v. Jahr 1779. St. VI. S. 527. f. gezogen, und zu welchen vor Kurzem Herr Schaffer Panzer in den Annalen der ältern deutschen Litteratur S. 347 f. eine kleine Nachlese geliefert hat. Murner verdient allerdings einen ansehnlichen Platz unter den bessern teutschen Dichtern, die zu Ende des funfzehnten und in den erstern Dekaden des sechszehnten Jahrhunderts lebten, und die man heut zu Tage beinahe ganz verkennt. Seine Dichtereyen verrathen wahres poetisches Talent, Witz, Scharfsinn und Gelehrsamkeit, sind aber freilich öfters sehr muthwillig, manchmal auch, wenigstens in einzelnen Ausdrücken, unfläthig. Doch das muß auf Rechnung seiner Zeiten geschrieben werden. — Die Thoren seines Zeitalters hatten an ihm, so wie an Sebastian Brand und Johann Geyler von Kaysersberg, mit denen ich ihn in Eine Reihe setze, einen unversöhnlichen Feind, der sie bis aufs Blut geißelte, keines Standes schonte, und hauptsächlich die verdorbenen Sitten des geistlichen Standes, die ihm als Mitgliede desselben zuverlässig bekandt fandt waren, durch brennende Mittel zu verbessern suchte. Da er in seinen Gedichten die herrschenden Sitten, Gewohnheiten und Mißbräuche seiner Zeitgenossen zum Gegenstand nahm: so wird gegenwärtiges satyrische Werkchen als Charakteristik des damaligen Zeitalters den Freunden des Alterthums, und als Probe der damaligen Poesie den Kennern und Liebhabern der teutschen Sprache und Dichtkunst nicht unwillkommen seyn.

Was die Schelmenzunft, die itzt aufs neue in Umlauf gesetzet werden soll, betrifft, so giebt von ihrem Inhalt, so wie von den verschiedenen Ausgaben und von der lateinischen und holländischen Uebersetzung derselben Waldau in der angeführten Schrift S. 63—67, und Panzer l. c. S. 360. genaue Nachricht. Gegenwärtiger Abdruck ist von der zweiten Ausgabe, welche um viel vermehrter ist als die erste von 1512, getreu copirt. Diese zweite Ausgabe in Quart

Quart hat folgenden in Zierleisten einge-
faßten, roth gedruckten Titel:

Schelmenzunfft

Anzaigung alles Weltleuffigen mutwillens,
schalckaiten vn̅ bübereyen dieser Zeit
Durch den hochgeleerten herren Doctor
Thoman Murner von Straßburg,
schimpflichen erdichtet, und zu Franck-
furt an dem Män mit ernstlichem für-
nemen geprediget *).

Beynahe jede Rubrik ist mit einem Holz-
schnitte versehen, welcher die halbe Seite
einnimmt. Der Text ist zu beiden Sei-
ten mit Zierleisten eingefaßt. Die Blät-
terzahlen fehlen, die Bögen aber sind sig-
nirt. Das Ganze beträgt 9 Bogen und
3 Blät-

---

*) Ueber solche Sujets das Volk von der Kan-
zel unterhalten, war damals nichts unge-
wöhnliches. Selbst der berühmte Johann
Geiler von Kaisersberg hat bey seinen
Predigten 1498. zu Straßburg Sebastian
Brands Narrenschiff zum Grund gelegt.
Sie sind 1520. daselbst in folio gedruckt
worden. S. Panzern l. c. S. 434.

3 Blätter. Auf dem letztern steht folgendes:

Von Doctor Murner ist die Junfft
Zu Franckfurt predigt mit vernunft.
Entlich getruckt, auch corrigiert
Zu Augspurg, vnd mit fleiß volfiert
Durch Silvanum Othmar fürwar
Im fünffzen hundert vnd xiij jar
Bey sant Vrsula an dem Lech
Got vnser mißthat nymer rech.
Got sey Lob.

Man findet in dieser Schrift manche veraltete Wörter, die im funfzehnten und zu Anfang des sechszehnten Jahrhunderts gebräuchlich gewesen. Bey Erklärung derselben habe ich mich zur Ersparung des Raums der möglichsten Kürze bedient, und sie gleich am Ende jedes Blatts beygefügt, um das Aufsuchen zu erleichtern. Dem unsprachforschenden Theile des Publicums die Einsicht von dem Grund und der Richtigkeit solcher Worterklärungen zu

erleich-

erleichtern, die nicht sogleich einleuchten, oder wegen ihrer vielfachen Bedeutung anstößig scheinen, ward am Ende ein kleines alphabetisches Glossar beygefügt, welches die angegebene Bedeutung rechtfertigen kann.

Außerdem lassen sich aus dieser Schrift noch andere, die teutsche Sprache betreffende Anmerkungen machen, z. E. es kommen viele simplicia vor, davon heut zu Tage die composita gebräuchlicher sind, als Woner statt Bewohner, geren statt begehren, hören statt gehören, bären statt gebähren, darf statt bedarf. Oefters ist ohne Noth, vielleicht bloß des Reims wegen, die Sylbe ge vorgesetzt, als gebat für bat, gesehen, der Infinitiv, für sehen; öfters fehlt sie aber auch, z. E. Beet für Gebet, Dicht für Gedicht.

Von dem Beifall und Wink des Publicums wird es abhangen, ob Murners

Narrenbeschwörung, die in gewissem Sinne noch wichtiger ist, folgen soll, die ich eben so, wie die Schelmenzunft, zu liefern bereit bin. Nur Eine Probe aus der Narrenbeschwörung, wie Murner die Advocaten behandelt.

Die Federn spitzen.

Wer myn feder vnd myn schryben
Ich möcht im tütschen land nit blyben
Ich schlemm vnd demm ich zere vnd braß
Das nem ich vß dem Dinten vaß.

Herr schryber das ir selber sagen
Das knüen die puren (bauern) von euch clagen
Wie ir sy braten sieden schinden
Allwyl ir einen kopffen finden
Allwyl es trüfft er sycht es nit
Ir macht je manchen suren (sauern) tritt
Durch den regen durch den schne
Thund ir je mit der federn we
Vnd spitzt die federn dick zu vil
Von hasen ich euch sagen will
Das ich doch syt (seither) nie hab vernumen

Wie er euch sey in pfeffer kumen
Doch sol mir das kein fragen syn
Wie er doch kumen sy daryn
Wißt ir wañ ir hatten glaben
Dem armen puren do zu schaden
Da saß mynn herr der advocat
Der anwalt ouch syn stettly hatt
Vogt gwalthaber vnd fürmundt
Ein yeder der geladen kumpt
Wer do ißt von eüerm tisch
Der nymt vom schlegel seinen fisch.
Ee das ir das Benedicite machen
So sagt ir von des puren sachen
Wie ir ein feyßten puren handt
Doby ir eüer gest ermant
Das sy die sach hoch extollieren
Den puren bey der nasen fieren
Vnd leßt (leset) jm für ein wild vergicht
(Urgicht)

Ouch ratendt jm ins Kammergericht
Spricht er daũ er sy zu arm
So sagt ir das syn sach stee warm
Euch statt (steht) sy warm ir wermt euch fry
So der paur erfrürt doby

Vnd

Vnd muß fyn fyndt (Feind, Gegner) gen mentz
                (Mainz) citieren
Er kön den kosten nit verlieren.
Verlirt die sach der arme man
Wie das mans jm zu leidt hab than
Das sagt ir, dan er darf nit fregen
Der teüfel muß euch den hasen gesegen.
Man findt noch wol derselben knaben
Die federn nie gespitzet haben
Den vrtail rat erkennet hat
Des kompt ir auf das galgen rab
Die federspitzer sind bey Heeren
Die sich allain mit federn neren
Vnd blyben off dem kissen sitzen
Vnd thun nit me dan federn spitzen
Vil sind des handtwercks mächtig worden
Graven vß der schreyber orden
So als mancher edelman
Der vil harter krig hat gethan
Ju grund hinyn verdorben ist
Das er kein federspitzer ist.
Ich weiß kein bessern rat auff erden
Das sy einmal auch schreyber werden
So überkemen sy doch geld
Vnd legent nit so hart im feld
                          Doch

Doch hör ich das herwiderumb
Felt (fällt) das dintenfeſſel omb
Dañ mieſſent ſy offt wider ſchwitzen
Was ſy gewañen ye mit ſpitzen
Vnd mit der feder hond erfecht.
So gſchicht jn warlich eben recht
Vß graven wider ſchreyber machen
Dañ muß ich durch die finger lachen.

Vorred.

Doctor Laux.

Billich ſitz ich vornen dran
So ich die ſchelmen kennen kan
Durch ainen gantzen ſtåchlin *) berg
Weñ ſchon drey lågen übertzwerg.
Ich waiß was allem ſchelmen priſt **)
Auch wie jn omb jr hertze iſt,
Wañ †) do ich was ††) noch jung vnd klain,
Rieb ich mich an ains ſchelmen bain
Vnd het den ſchalck hinder mein orn
Do ich erſt kurtzlich was geborn,
    Darumb hat mich die Zunfft erwelt
    Vnd für ain ſchreiber hergeſtelt
    Ob yemands hie wölt zünfftig werden
    Durch mutwill vnd ſein böſe gbården
Frevel, bubenſtuck vnd tandt,
Dem will ich ordnen ſeinen ſtandt,
Wiewol ich manchen hie her zel

    *) Ståhlern.   **) Gebricht.
    †) Denn.   ††) War.

Dem baß zimmet *) ain galgen gstell
Das rad vnd auch des henckers feür,
Doch darff er gar ainr grossen steür
Das er demselben maū entriñ,
Fürwar der darff **) auch kluger siñ
Der allen schelmen sehe an
Was yeder für ain stücklin kan
Vnd als sie treyben oft vnd dick,
Auff Teütsch neñ ichs ain schelmenstück,
Zu Franckfort nent mans Bubentandt
Het ich den halben tail erkandt,
Den ich nur seidher hab erfarn,
Ich künt mein Ee netz baß bewarn,
Darnach lernt ichs erst kennen schon
Do sy mir schaden hetten thon
Welcher sy kennt, der kaufft sy nit.
Ich waiß daß ich hab außgeschitt
Das Kind aus fürsatz mit den bad
Sie tröen †) vast es werd mir schad,
Das ich mit schrifften von jn klag
Gott vnd der welt irn nequam sag,
Mit schimpff ††) und ernst verglimpf ich schon
Womit die schelmen all vmbgon,

       Dartzu

*) Besser, oder vielmehr, geziemt.
**) Bedarf.   †) Drohen.   ††) Scherz.

Darzu darff ich nit groß vernunfft
Das ich beschreib der schelmen zunfft;
Der täglich brauch leert mich das wol
Wie ich ir zunfft beschreiben sol,
Insonderhait irn valschen mund
Weñ ich den wol beschreiben kund,
Daß man sich weßt vor jn zu hieten
So sollt man mir das hälmlein bieten *).
O wie manchem ist mißlungen
Durch valsche, böse, öde zungen
Ain zung verriet Christum ein got,
Ain zung bracht Troy in grossen spot,
Ain zung bracht Adam in den fal
Ain zung zwang Rom in jamers qual,
Jerusalem ein zung zerstört
Das statt vnd maur ward vmgekert.
Dieselben öden **) falschen zungen
Von Babilonia †) sind entsprungen,
Vnd hond sich also weit gespraidt
Das sy vns Teütschen auch thund laidt,
Hat sy der teüffel schwimen leeren
Ueber möre ††) zu vns einkören,
Dadurch manch fromer würd verfürt
　　　　　　　　　　　　Den

*) Vermuthlich ein damals gewöhnlicher sprichwört-
　　licher Ausdruck.
**) Bösen.　†) 1 Mof. IX, 11.　††) Meer.

Den ain falsche zung berlert.
Hey nun schlag der donr darein
Das böse zungen seind so gmein
Der blitz, der hagel vnd der schnee
Daß schendlich zungen thun so wee.
Ain nachpaur thut dem andern das
Der jm allzeit nie schädlich was,
Ain fründ *) verrat den andern fründ,
Von ältern lernen das die kind.
Des sprichworts hab ich offt gelacht
Das ein krä kain hätzen **) macht,
Vnd hab von Adam vnd Eva ghört
Das sy vns mutwill hond gelert
Wiewol wir nit wöln mercken das
Vnd doch Gots straff gleich dabey was
O falsche zung, du böses kraut
Jn har, in flaisch, in bain, in haut
Wie gern säh ich ain solchen man
Der gnugsam darvon schreiben kan
Den wolt ich vor mir dichten lan.
O schelmenzunfft wem schadtst du nit
Das dich der hertzjär ritten schitt †).

Wenn

*) Freund.   **) Häher, pica.
†) Eine Fluchformel. Ritten, Hertzritten ist ein
  heftiges Fieber. Siehe Scherzii Glossar. med. aevi
  col. 665. 1340.   Schitt ist soviel als schütteln.

Wenn ich von difen fchelmen fchreib
So wuet als *) blut in meinem leib,
Irn zumfftmeyfter hond fie mir gefandt
Do ich diß buch nam in die handt,
Schalt mich ain fchelm du mit lift
Als der fchelmen gewonhait ift
Das fy ain yeden achten gfchwind
Recht wie fy felbs im hertzen find.
Er maint ich folts nit hon befchriben,
Das ihre ftuck verborgen bliben,
Wiewol ich mich ker nichts daran
Ich hoff ich fey ain Erenman
Vnd laß fy reden was fy wellen
Ich will fy an ain ordnung ftellen
Wañ ich jn allen her hab zilt
Nun hüt dich du vor wem du wilt
Ich traw jn allen nit ain hat
Ob fy mir fchwüren zehen jar
Wañ fy mich all befch... handt
Jn teütfchen vnd in wälfchen landt **)
Das ich ir lift gar wol verftandt.

Ach

*) Wütet alles.
**) Murner hat fich eine Zeitlang in Italien aufgehalten, wie Waldau in der Nachricht von deſſen Leben und Schriften S. 20. angemerkt hat.

B

Ach got hett ichs verstanden das
Ainmal do es mir nöter *) was
So hett ich selber auch gethon
Das ich dich yetz kan leeren schon
Vor den schelmen dich bewaren
Das dir nichts laids möcht widerfaren.
Doch kam kain werckman nye zu spat
Mit guter kunst vnd weisem rat
Volg meiner leer vnd acht mein schreiben
Nym war wie sy jr stücklin treiben
So wirt es dich ain wunder nemen,
Daß sich die schelmen gar nichts schemen
Daß sy entferbten sich darab.
Ich waiß daß ich ain neythart hab
Mit disem buch auff mich geladen
Vnd von den schelmen wart des schaden
Das hab ich darauff gsetzet schon,
Wems nit gfelt der laß mich gon.

   Hie endet sich die vorred.

*) nöthiger.

I. Von

I.
Von blawen Enten predigen.

Ich bin der erst in diser rott
Waiſ ich das gotswort dick *) verſpot
Weil ich verkünd das hymelreich
Sag ich darvon ſo ſchimpflich **)
Als ob ich wolt die chriſten ſchödigen
Vnd jn von blawen enten predigen.
Ich ſchwör botz darm, ich ſchwör botz lung,
Der prediger hat ain falſche zung
Der mir fürhalten ſoll die gſchrifft
Was ſeel, leib, eer vnd gut antrifft
So ſagt er nur ain vaßnacht tandt
Vnd all new mär in Teütſchem landt,
Er lacht vnd ſchimpfft, das nit ſolt ſein,
Die pfaffen wöllen auch darein,
Sy machen aus dem ernſt ein ſpott
So denck ich, far auch mit der rott
Ich nim das gotswort von jm an,
Als weñ ich küwet †) Entzian.
Weñ ich das gotswort hören will,
Der baũbrieff ließt er mir ſo vil

*) Oft. **) Unanſtändig, poſſenhaft.
†) Käuete.

Wie Haintzen Els und Cuntzen Gret
Den Jäcklin mit betzalet het,
Wie die von Lustnaw vnd von Stauffen
Vmb ein barchat wöllen lauffen,
Auch weñ Gret Müllerin jartag *) werd
Vnd all tandtmär auff diser erd.
Er solt das Evangeli leeren
Só muß ich disen trippel hören,
Wie sy ainander richten anß
Als hippenbuben vor dem hauß.
Geschäch nur auns das wär mein bitt
Das man sy auch mit dr... beschitt
So sy ainauder haissen liegen
Vnd auff der cantzel also kriegen,
Ain solche predig hindert mee
Dañ hundert die er thet vor ee
Damit er vns gar schwarlich schedigt
So er von blawen Enten predigt.

*) Gret Müllerin war vermuthlich eine bekandte Lais ihrer Zeit. Murner gedenkt ihrer häufig in seinen Gedichten. Siehe Waldau l. c. S. 49. f. und Altes aus allen Theilen der Geschichte B. I. S. 400. f.

II. Ain

II.
Ain loch durch brieff reden.

Verſigelt ſchon der Papſt mit bley,
So kan ichs widerſprechen frey
Ich bin derſelbig tapffer man
Der ſigel vnd brieff durchreden kan.
Was wolt ich nach dem Rechten ſinen
Wen̄ ich nur das gelt kan gwinnen,
Es haißt ain volck zu teütſch Juriſten,
Wie ſeind mir das ſo ſeltzam chriſten,
Das Recht thun ſy ſo ſpitzig biegen
Vnd künten̄s wo man will hin fiegen,
Codex, Lodex, Decretal
Hurenkinder, gulden zal,
Bartolus, Baldus, das Decret
Das fürtuch das metz vnmuß het
Jüdſcher gſuch, juriſten buch
Als es yetz ſtat omb Mechelſch tuch
So hilfft kain bleyer ſigel dran
Man beſch… ſchier damit yederman.
Vor Juriſten ſollſt du dich hietten
Vnd vor niederländſchem bieten *).
Der Juriſt kan wol appellieren

*) Geſetze.

Der ander bey der nasen fieren
Quid est figuris auf der luten
Inforciat die Instituten,
Die seind vermischet allezeit
Daß das recht wirdt gar zu weit,
Wiewol das recht ist wol beschriben,
Ja wär die gloß darin außbliben,
Het ich schon hundert tausent brieff
Vnd dem rechten stäts nachlief
So ists mit ainem dr.. versigelt
Vnd mit ainr wächßin fall verrigelt,
Deñ lauff ich zu dem Advocaten
Der dient vns, dweil*) wir guldin haten
Do er vnß außgelärt die täschen
Nam er mir an dem herd die äschen,
Derselb redlich from biderman
Mit gelt ain brieff durchreden kan.

III.
Den Wein außruffen.

Ich ruff manchem froman den wein
Der nye kain legt in keller ain,
Vnd warlich theürer mit der that
Dañ es der frum verschuldet hat,

Das

*) So lange.

Das keñ ich wol mit argem list
Daß mancher dran ertruncken ist,
Wer hat dich haiſſen hye her ſtan
Weinrüffer du vnmächtig man,
Sag an du Schelm was iſt dein lon
Das du kain fromen laſt daruon
Du henckeſt jm ain ſchellen an
Der hat dir das, der yhens *) gethan,
Deins ruffens wär längſt genueg,
Hörteſt auf es het wol fug,
Der iſt ain ſchelm, der iſt nit gut,
Der iſt zu wild, der ſpylen thut
Der hurt, der hubt, der ſtilt, der brendt
Wer iſt den diß böß zung nit ſchandt,
Der pfaff, der münich, die magt, der knecht,
Der Kaiſer kan dir thun nit recht,
Cartheüſer, Prediger, Carmeleiten
Rufſt du den wein zu allen zeiten
Der doch dich darumb nie gebat
Vnd dir kain laid auff erden that
Der ſich als guts zu dir verſicht
Den laſt **) du nit unausgericht,
Iſt das dein ampt, ſo ſey dein lon
Vom pranger zu dem galgen gon

*) Jenes.   **) Läſſeſt

Du rufst den wein doch nur zuruck
Vnd brauchst auch sünst vil schelmenstuck
Ist das nit ain böse art
Daß der schelm kain menschen spart *)
Sy müssend durch sein stinckends maul
Das biß ins a... hyn ist faul.
Ich stelt der schelmen kainen häre
Wen yeder lügte **) wer er wäre.
Doch wölln wir schenden yederman
So wir im dr... über die oren stan.

IV.
Der Eysenbeisser.

Wa ich mein feind selbs anewend †)
So sprich ich, daß gotsmarter schend,
Ich bin der Eysenbeisser knecht
Der weit vnd breyt groß lob erfecht,
Land vnd leüt hab ich bezwungen
Doch thu ichs vast als ††) mit der zungen.
Wer yetz will sein ain redlich knecht †††)
Vnd kan die grossen schwür nit recht,
Gotsmarter, wunden, vältin, kyrein,

Der

*) Schonet.   **) Lugen heißt sehen.
†) Untreffe.   ††) Alles.
†††) Landsknecht, Soldat zu Fuß.

Der nimpt kain doppelsold nit ein.
Weñ yetz ain schelm vil fluchens kan
Bald setzt man jn zu ain hauptman,
Deß seyn wir vnglückhafftig leût
Das wir mit jn angond *) ain streit
Die bey den hailgen also schweren
Vnd got so lästerlich enteren.
Was Glück vnd sig kan bey den sein
Sy schwörn sich selb in ewig pein
Die marterhansen, armen tropffen,
Man tut jn drumb den laymen klopffen,
Sy komen vmb das recht nit here,
Den schelmen ist der pflug zu schwere
Vnd wöllen sich darnach nit bucken
Ain schelmenbain hond sy im rucken
Jr kriegen ist vast wider got
Vnd auß den hailgen treiben spot.
Sy martern, fluchen, schwörn vnd schelten
Man sicht sy aber beeten selten.
Der eysenbeisser keñ ich mere
Die krefftigklich ein gantzes höre **)
Bey ainer irten hond erschlagen
Vnd ward kain todter nie hintragen,

*) Angehen, anheben, anfangen.
**) Heer.

Sy stechen, hawen bey dem wein,
Welcher herr wöll witzig seyn
Der laß die schelmen die so schwörn
Vnd sich mit bösen flůchen nörn,
Weñ sy schon alles eysen beissen
So müssen sy es doch wider sch....

V.
Ain ströen bart flechten.

Ich hör auch an *) der schelmen rott
So ich kan thun ein gfärbten spott
Vnd dir ain sach fürhalten do,
Du schwůrst ait ayd jm wär also,
Weñ du die sach besihest recht
So ists ain ströen bart geflecht.
Landtschelm wärst du doch ee komen,
Du můst den ersten stand hon gnomen,
Die schelmen sind yetz also gnaigt
Wo dir ainer das wasser zaigt,
So maint er feůr, das wiß fürwor
Es ist yetz nit als es was **) vor
Das nain sey nain, und ja sey ja
Man flicht ain bart yetzund aus stra.
Was man yetzund im hertzen tragt

Kain

*) Ich gehöre zu.   **) war.

Kain ſchelm daſſelb heraußher ſagt,
Er klaffet *) wol das widertail
Damit tregt er lockvogel fail
Vnd lockt aus dir dein mainung all
Biß er dich kläglich bringt in fall
Schreyſt du deñ, hilff wider off
So ſchlegt er über dir den muff.
Vor zeitten ſprach man, förcht dir nitt
Weñ du gaſt **) den rechten tritt,
Thu netz recht, fürcht dañoch dir
Keins wird in eern gedacht gar ſchier
Der netz doppel iſt mit worten ***),
Den ſezt man hoch an allen orten
Vnd halt jn für ain weiſen man
Das er ſein hertz bedecken kan.
Ich hielts auch ſelb für ain weißhait
Weñ man darzu kein lügen ſayt †),
Kain warhayt iſt in allem kauff
Man ſpricht, es ſey der welte lauff.
Ja laufft in aller teüfel namen,
In der höllen kompt ir zamen ††),
Lauffend bald, verſaumpt euch nit
Das euch der hertzjarritten ſchitt.

An

*) Plaudert.   **) Geheſt.   ***) Zweyzüngler.
†) Sagt.   ††) Zuſammen.

VI.
An ain Kerbholtz reden.

Hie bin ich, secht mich frölich an,
Ich darff auch wol zun schelmen stan
Vnd hab offt an ain kerb geredt
Da niemandt kain betzalung thet.
Verhaissen dunckt mich ablich seyn
So laysten geet in pauren schein.
Was ich verhaiß, das ist gewiß
On hintergang, on allen beschiß
Du waist wol wie die krebs her gon.
Ich hab gar manchs verhaissen thon
Das mir nie kam in meinen siñ
Wañ ich des frumen abels bin
Der vil verheißt an ain kerbholtz
Zuletzt dir sidert ainen boltz.
Ich schneid offt an ein kerbholtz an
Das hab ich manchem wirt gethan,
Der sich des gebens nit beschampt
Vnd schrib mirs an die kerb alsfampt
Vnd recht *) mirs darnach alles ab,
So sprich ich, yetz kain müntz ich hab,
Vnd weñ der wirt will haben geld,

Triff

*) Rechnete.

Triff ich das Loch weit übers feld.
Mit meinen verſen *) bezalt ich das
So an der kerben zaichnet was.
Mein herr mir ſelber alſo thet
Der mich auch an das kerbholtz rebt,
Der kauffman thut das auch im land
Deſt minder iſt es mir ain ſchand.
Es iſt kain glaub meer auff erden
Die herren ſelbs kerbrebner werden
Die dir verſigeln vnd verſchreiben
Das all dein fründ nit von jn treiben.
Sprichſt du deñ, gut brieff ich hab
So ſagen ſy deñ, friß darab,
Vnd wilt du es nit laſſen ſein
So gang verſigel du eim ſchwein
Das a...ch, das der bonder drein
Schlag, das ich ſo grob muß ſein.

VII.
Auff den flaiſchbank geben.

Mein zung bringt manchen vm ſein leben
Den ich hab auff den flaiſchbank geben
Ich hab mich lang darvon genert
Judas hat mich die kunſt gelert

Darumb

*) Serſen.

Darumb sollt ich zuvorderst ston
So ich Judas zum maister hon
Hat Judas schon vnrecht gethon
So nam er doch das geld darvon,
Auff den flaischbanck gab er got
Das kan yetz das der schelmen rott
Die yetzund in der neüwen welt
Weder pfenning nimpt noch gelt
Vnd verraten ain vmbsunst,
Das haisset die recht maisterkunst
Vnd die rechten riemen zogen,
Vmbsunst verraten vnd verlogen
Weñ Judas yetzund wär auff erden
So müßt er wider schüler werden
Vnd das handtwerck lernen baß
Darinn er noch kain maister was
Vnd niemands kanß auff vns gedenken,
So dörffen wir vns nit drum hencken
Als Judas vnser maister thet,
Man setzt vns oben an das pret,
Weñ wir nit verraten künden
Die herren vns kain dienst nit günten *),
Ja wol wird sind die nassen knaben
Die es beßer daň die herren haben

Vnd

*) Gönneten.

Vnd sitzend offt auff ainem kissen
So ire herren nichts drum wissen,
Wir nemen geld vnd seind aim sind *),
Got geb wo recht vnd richter sind.
Wir thuen das nur vmb gsellen willen
Das wir verräterey erfüllen,
Wir sein dieselben frumen leüt
Ob man vns nimer heller geyt **),
So ist das vnnser gaistlich leben
Ain frumen auff den flaischbank geben.

VIII.
Ain schulsack fressen.

Wiewol ich hab ain schulsack fressen
Noch hab ich meine latein vergessen,
Ich hab jn nit verdöwet †) gantz
Doch kan ich gin lateinschen tantz,
Per ius gentium zu latein,
Kan ich noch disputieren fein
Jn dem vnnützen irrigen Buch,
Zu latein, der köchin fürtuch ††)

Darinn

*) Feind.   **) Giebt.   †) Verdauet.
††) Möchte doch ein bibliographischer Litterator dieses Buch näher anzeigen, von dem ich aller Mühe ungeachtet nichts habe ausfindig machen können.

Darinn hab ich so vil studiert
Biß ich mich selber hab verfuert,
Vnd hab studieret also vast *),
Biß mir der guldin zal gebrast **),
Ich sandt ain boten heimb mit gferden
Wie das ich solt meister werden,
Het ich mich des besonnen recht,
Ich plib wol noch zwölff iar ain knecht.
Ist der nun in der schelmen rott
Der ain frembden man verspott,
Billicher solt sich hieher fiegen
Der sein vatter kan betriegen,
Sein vater wänt †) er hab studiert,
So hat er nichts dañ bubiliert
Vnd jm sein geldt schändlich verzert,
Auch nichtz dañ Jta, Non, gelert,
Weñ er soll zu seim vatter komen
Hat er sein schulbuch mit genomen
Das jm kan selber laufen nach,
Dieselbig schön lateinisch sprach
Find er wol inß vatters landt
Vnd het sich selb nit also gschandt

Das

*) Sehr.
**) Die Zahl der Gulden, d. h., das Geld, gebricht oder mangelt.
†) Wähnet.

Das geldt so schandlich nit verthon
Den schulsack vngefressen lon.
Wär er mein sun in sölchen sachen
Wölt jm das Benedicite machen
Von oben an biß vnder die stegen
Wölt jm also den schulsack gsegen *).

IX.
Ain grawen rock verdienen.

Weicht auß jr frumen erbern gsellen
Die gra **) röck nit verdienen wöllen,
Diser stand hört meins gleich zu
Das ich manch vnnütz schwätzen thu,
Doch hab ich etwas nutz darvon
Ain grawen rock nym ich zu lon
Als ich wolt zu den schelmen ston
Do bracht ich mit mir meinen lon
Den ich damit verdienen kan
Als ich meins herrn dienst nam an
Do nam ich acht wem er feind was
Zu dem trueg ich den auch ain haß
Biß ich jn bracht in hertzenlaid,
Darumb gab mir mein herr das klaid

Ich

*) Gesegnen.   **) Grau.

Ich schiß meins herren feind ins muß,
Vnd trat jm willig auff ain fuß,
Warff jm des nachts die fenster ein,
Vnd ließ jm lauffen aus den wein,
Ich strich jn an sein hosen dreck
Vnd legt jm heimlich stain an wegk,
Ich was meim herrn ain eben man
Do ich die schelmenstuck het than,
Doch was ich selber also weiß,
Das ich jm dient mit solchem vleiß
Wiewol er mich nie bat darumb,
Wieß mir gefiel, gieng ich mit vmb,
Ich haiß knecht Haintz vnd hab mer gsellen
Die allzeit meer ausrichten wöllen
Dañ man jn bevolhen hat,
Doch selten mit ainr guten that,
Nur mit falschen schelmenstücken,
Das wir all Ding zu vnfall schicken
Vnd vnsern herrn zu oren tragen
Was wir wissen, jnen sagen,
Was wir nit wissen, liegen wir,
Bist du weiß, hüt dich vor mir.
Wer mich dingt, fart an ain stock
Vnd muß mir gen *) ain grawen rock.

        X. Ain

*) Geben.

X.
Ain dreck finden.

Es ist ain art der wüsten schwein
Wen sy in garten lauffen ein,
So finden sy wol ee ain dreck
Dan schöne blůmlein an dem wegk.
Aus ainem dreck macht man vil wort
Vnd acht nit aller blumen hort.
Man findt wol die zu kirchen gon
Vnd all gut leren lassen ston
Was man sy von tugend lert,
Wan sy aber hond gehört
Ain bossen der mir ist entwůscht
Der nit gantz wol behoblet ist
Das künen sy wol ausbläsiren
Nit aim allain, zwen, dreyen, vireny
Was wol geredt ist durch das iar
Des achten sy nit vmb ain har,
Nur das ain grossen dreck hond funden.
Ich waiß noch ain derselben kunden
Der diß mein dicht *) durchlesen hat
Da der sawkröner hat sein stat,
Vnd maint ich wär ain gaistlich man

*) Gedicht.

Dem ſemlich*) red ſtůnd übel an
Vnd wolt darbey nit mercken das,
Das ſolch red der grobianer was
Als ſy dañ thund an allem ort
Vnd nit das ich thu ſemlich wort,
Dañ nur allain in meldens weiß,
Wie man die ſaw krönet mit vleyß.
Das ander hat er als durchleſen
Vnd ſpricht es ſey wol dicht geweſen
Auch laßt dieſelben blümlin ſton,
Vnd beſſert ſich gar nichtz darvon
Vnd hat nur funden ainen dreck
Hindern zaun weit von dem wegk,
Damit der ſchelm ſein ſtinckend mund
Weſcht on vrſach vnd on grund
Als ob er mich ſo götlich findt
Vnd ich ſelb auch nit irren künd.
Darumb das er mich hat verſpott,
Muß er auch in der ſchelmen rott.

*) Eine ſolche.

XI.

Auß ainem holen hafen reden.

Wer gelt nimpt da kaines ist
Vnd rupft mich, da mir hat gebrist
Vnd suchet lieb an laydes stat,
Auch ist berait es man in batt,
Als wir hafenredner thůnen,
Der ist vast von kůnstreichen sinn.
Pfaffen, můnch, die gaistlichait
Nůnen, was die kutten treyt *).
Die nun zu der kirchen gond
Auff das sy in der ordnung stond
Weñ sy solten mettin **) beten,
Spaciern gond sy zinder tretten,
Weñ sy schon beten oder lesen,
So ist jr hertz im bad gewesen,
Sy wissen auch offt selber nit
Warumb jr ainer got erbitt,
Dañ das sy beten mit dem mundt
Der kainer nye latein verstund.
Sag mir durch got, was ist das bet †)
Da kainer kain verstand nit hett.
Lesen, beten on verstand

*) Trägt. **) Metten. †) Gebet.

Als die nunnen gsungen hand
Das mag wol seyn ain lützistand
Vnd auß aim holen hafen klaffen,
Was küssen sy mit beten schaffen,
So sy doch nit verstond latein
Vnd brocken doch die wörter ein
Vnd keuwend *) alle wörter da
Als vnser kue das haberstra.
Wir sein versehen mit färbitter
Als in der erud mit faulen schnitter,
Sy sollen vnser not got klagen
Vnd wissen selb nit was sy sagen.
Ich wolt das ainer lernt latein
Oder ließ die pfaffhait sein,
Mit beten, wie die iungen kind.
In kaim holn hafen wörter sind.

XII.
Der hyppenbuben orden.

Hyppenbuben, würfelleger,
Freyhartsknaben, sackaufftreger,
Die loben, schenden, wen sy wendt **)
Den sy loben, der ist geschendt.
Du sichst ir schelten als lang stincken,

Biß

*) Käuen. **) Wollen.

Biß ſy auß dem fueßfaß trincken.
Nun ſich *) ich das es naher gat **),
So der hyppenbub her ſtat.
Die ſchelmenzunfft ſich wol erſtreckt,
Als weñ man ſich mit hoſen deckt.
Hyppenbuben iſt ain orden,
Wer dariñ iſt maiſter worden
Der kan ſchelten wen er will
Vnd wider loben nur zu vil.
Weñ du ainem lob zuſagſt,
So lob jn, das du jn ſchelten magſt.
Jn loben halt ain zymlich maß,
Mit ſchelten lueg beſynn dich baß
Wen man ſchilt, der ſchreibts in ſtein,
Der aber ſchilt, in ſtoub hinein.
Jn ſtain ſchreiben nit vergeſſen,
Darumb ſolt du es wol ermeſſen,
Dañ eer verlieren das thut wee
Vnd wurtzlet ein ye mee vnd mee,
Diß ort verleich ich allen den
Die nit wiſſen, wie vnd wen
Wer, wievil, wo, vnd womit
Vnd laſſen doch jr ſchelten nit.
Die ainen ſchelten oder bringen

C. 4 Biß

*) Sehe. **) näher geht.

Biß ſy jn vmb ſein Eere bringen
Vnd bringen ju in groſſe ſchand
Die ſy doch ſelbs erdichtet hand
Vnd keren aim das bletlin vm
Da der frum man nit waißt drum.
Iſt das ir ampt, ſo ſey ir lon
Vor dem hauß im kübel ſton *)
Vnd darvon nit weichen ain tritt
Biß das man ſy mit dreck beſchitt.

XIII.
Die oren laſſen melcken.

Wer mir freüntlich milckt ain or
Vnd ſagt mir daß ich hab ſchön hor **)
Auch ſagt mir als ***) das ich gern hör,
Der kan der orenmelcker ler,
So priſt †) jm nichts dañ nur der lon
Von dem rad zum galgen gon.
Oren melcken in ain kübel,
Erſcheüßet ††) manchem Menſchen übel.
Alle herren ſind deß gewon

Das

*) War vermuthlich damals eine Art der Beſchim-
 pfung oder Strafe.
) Haar. *) Alles.
†) Gebricht, mangelt. ††) Gelinget.

Das ſy ir oren melcken lan
Vnd hörent was da iſt erlogen,
Das ſy mit willen ſeind betrogen,
Wañ *) die ſchelmen ſynd die art
Das yeder gern die warhait ſpart.
Warhait ſagen bringt vil haß
Orenmelcken kumpt jn baß,
Darum der orenmelcker lern,
Was ſein herrſchafft höret gern
Das er daſſelbig allzeit ſag,
Onmüthig **) red zu oren trag.
Ob ſy ſchon erlogen wären,
So ſoltu dich daran nit keren
Man hats vor zeitten auch gethan
Das Kaiſer kunig haben lan
Alſo ire oren melcken
Von lugenhafftigen ſchelcken,
Das ſy ſich lieſſen beten an
Vnd hieſſen ſich für götter han
Ja götter als wer gut daher
Weñ er in diſer Zunfft nit wär
Vnd ließ ſein oren jm nit melcken
Das ſy jm hangen vnd ſchon ſchwelcken.

*) Denn, ſintemal.
**) Anmuthig.

Er wißt das er nit was *) ain gott
Noch kan die kunst der schelmen rott
Das sy mich überreden kunnen
Wie das ich sey von hohen sjnen
Weil ichs daŭ sich **) gantz überall
So kam die loß meer ***) in dem stall
Daŭ das ich mir nun selbs gefall.

XIV.

Dreck rüttlen daß er stinckt.

Man het mich nit gestellet her †)
Sagt ich nit yedem was er wär
Vnd bring herfür mit bösem list
Das, schon lang zeit vergessen ist
Damit der dreck facht ††) wider an
Zu stincken manchem armen man.
Ich kans nit vinden in vernunfft
Das du dich die schelmenzunfft
Auffgericht werd gantz vnd gar.
Was vor hundert tausent jar
Geschehen ist vnd gantz vergessen
Das kanstu widerumb ermessen,

*) War.   **) Sehe.   ***) Mähre.
†) Nemlich in die Schelmenzunfft.
††) Fängt.

Klaffen, schwätzen vnd erliegen *)
Wider vrsach, gen **) zu kriegen,
Vnglück machen, den dreck rüttlen
Vnd im Siß herumbher schütlen.
Dem der gstanck was schon dahin,
Den ruerst du wider on dein gwin
Darnach lapfft du den schelmengangk
Vnd kanst dich wenden aus dem gstank.
Was fleisseft dich vil alter schand
Wider dencken in dem land,
Der neüwen seind doch nur zuvil
Die man kaum vergessen wil.
Ich bit dich laß den dreck nur ligen,
So bleibt verborgen vnd verschwigen
Manches armen übelthat
Der doch darumb ain reüwen hat
Vnd sich bißher frümlichen stellt †)
Das jm kain dreck meer hyn entfellt.
Solt alles übel gestraffet werden
Von richtern hye auf dieser erden,
Was blib dañ auff den jüngsten tag
Da sollen komen hyn die clag,

Wañ

*) Lügen.
**) Gehen, anfangen.
†) Sich fromm, rechtschaffen beträgt.

Wañ mir die priesterschafft das sait *).
Am jüngsten tag sey got berait
Vnd auf den richterstul gesessen
Zu strafen das hye bleibt vergessen.

XV.
Gelt zuruck nemen.

Ich hab gedient so manchem man
Vnd dorfft kain lon jm, fordern an.
Wer sich beschampt ain lon zu nemen
Der solt des diensts sich billich schemen,
Es seind furwar groß schelmenstuck
Wo ainer nimpt das gelt zuruck.
Wie kan das nimermer sein recht,
Das du dingest ain solchen knecht
Dem du dich schämst ain lon zu geben
Vnd nimpst jn doch zuruck darneben.
Das sind furwar die nassen knaben
Die zu lon fünff schilling haben
Zu Franckfurt, die in anderm landt
Buzbacher knecht werden genannt.
Wir gond mit solchen sachen vmb
Der wir vns schamen vmb vnd vmb.
Das gschicht bey fürsten vnd bey herren

*) Sage.

Die sich mit gaben lond *) vereren
Damit sy werden offt bewegt
Das mir das recht bey jn ersteckt **).
Kum ich für herrschaft mit der schencken
So darff ichs offenlich nit gedencken
Warumb ich solche gaben beüt
So witzig sind yetzund die leüt
Das sy solches wol verston
Wie das es sey vmb dienst der lon,
Wañ wa ich nichts zu schaffen hett
Kain solche gaben ich jm thett,
Er merckt mich wol, so keñ ich jn
Ach lägen wir all bayd im Ryn †)
Das er sich fürter des muest schamen
Das sein lydlon hat kain namen,
Damit der arm man wirt geschedigt,
Verstanden ††) leüten wirt gepredigt.
Wañ näm kain lon hye yederman,
Er möcht jn dañ mit Eeren han,
So hett ich nyemans hergestellt
Vnd stünd vil baß in'diser welt.

*) Lassen. **) Ersticke.
†) Rhein. ††) Verständigen.

XVI. Den

XVI.
Den praten schmecken.

Schmackenbrätlin ist mein nam
Schmarotzens ich mich nymer scham,
All kirchwey, hochzeit, vnd panckel
Vnd wo man zechet frü vnd spet
Da kan ich allzeit voran ston,
Wo man bezalt lauff ich darvon.
Lauffstu darvon wa man bezalt
Vnd setzst dich wa man wirtschafft halt
Auch nymst vil ein vnd gibst nichts wider
So soltest du wol sitzen nider
Ainmal an ain ortlin dar,
Da schelmen, buben offenbar
Sitzen als vnwerde gest,
Ain stülin bringer wär das pest,
Weñ du nit geladen bist
Oder die Monet gebrist *)
Hetst du ain maul gen Rom hinenn
Wolst on bezalen trincken wein,
Den praten soltst du nymer schmacken
Mit roßdreck füll du dein packen,
Weñ du das nit vergelten wilt

So

*) Münze, oder Geld, gebricht.

So werd dein mag *) mit gaißpon **) gfult.
Mancher wil auff ander zören
Der nyemants wolt ain hünblin nören
Des nyemans gneßt vmb ainen pfenig
Groß oder klein, vil oder wenig.
Zu Nürnberg thet das yederman
Hye ließ man dich den ritten †) han
Der schelmen zunfft hat diese art
Das mancher schelm sein pfenig spart
Da er billicher mit bezalt,
Vnd kumpt jm dennocht auß gewalt
Vnnützlich an aim andern ort
Der offt nit danckt mit ainem wort.
Schmack den praten oder nit
Kanst du fressen, bezal auch mit,
Hastu nit gelt, so gib ain pfandt,
Was gat vns an dein schelmen tandt.

XVII.
Gut garn spinnen.

Wa zwitracht gericht sol werden
Kan ich zu paider part geferben
Das yeder wänt ich red das sein,

So

*) Magen.   **) Gaiß: oder Saubohnen.
†) Das Fieber.

So warff ich ſtil vnd banck darein,
Noch kan jr kainer das erfarn
Vnd wänen all, ich ſpiñ gut garn.
Biſt du derſelbig ſachen richter
Auff baiden ſeitten ain erdichter,
Das yeder wänt du hältſt ſein part,
Kainer von dir das innen wart,
Vnterköffer, Proſoneten
Die auff baiden ſeitten redten,
Die ſind vertragen, kaufſchleg machen
Vnd liegen das die balcken krachen
Zwu zungen tragen in aim hals
Vnd ire wort erliegen als,
Haiſſen *) da, vnd dort verbieten,
Mit falſchem mund ain ſach begieten **).
Weñ ainer wänt du redſt ſein wort,
Was du da ſagſt, das leügſt du dort
Vnd leügſt ſcheblich auff baiden ſeiten,
Kañ er ſein fueg damit erpeitten ***),
So ſchafft er jm ſein aygen gwin
Das ich damit verdorben bin
Als ich maint, er tädingt mir †),
Do blib er din ††), ich vor der thür.

Ich

*) Beſehlen.   **) Beſchönigen.
***) Erlangen.   †) Nimmt meine Partei.
††) Darin.

Ich sprach zu jm, du falscher man
Ich maint du heist mein wort gethan *),
Er antwurt mir, hye hindertritt
Eer das man dich mit dreck beschilt.
Ich flucht vnd verdroß mich übel,
Da sprach er, fleüch ich bring den kübel.
Ey nun bring, du oder man,
Zun schelmen solt du billich stan,
Das du nun also schändlich leügst
Vnd vmb mein gelt darzu betreügst
Da ich maint du hieltst mein tail,
Trugst du mein sach den feinden fail.

XVIII.
Leüß in peltz setzen.

Es wär nit not als ichs thu schätzen
Geschiltet leüß in peltz zu setzen,
Sy wachsen selber drin zur hand,
Drumb halt ichs für ain grosse schand,
Das mancher schelm das böste zaigt,
So wir darzu seind selbs genaigt.
All menschlich sin vnd ir vernunfft

Seind

*) Zu meinem besten gesprochen.

Seind netz gnaigt in die schelmenzunfft
Daṅ sy mit irem bösen leben
Dem nächsten böß exempel geben.
Vnd leren mich vil büberey
Diselben keṅ ich leichnam *) frey.
Mancher zündt aim ain feürlin an
Das on sein zynden selber bran **).
Die junge welt ist so verkert
Mich dünckt wer sy netz boßhait lert
Der tregt das wasser in den Rein.
Man findt wol netz ain mägetlein †),
Das kan meer list vnd schelmenstück
Daṅ ain alte, offt vnd dick
Die sechs höre ††) durchloffen ist.
Kain spittelmuck an peltz gebrist
Darumb ichs für groß übel han
Das du meer leüß woltst setzen dran
So der peltz lauffet also vol
Das ich jn nym †††) kan seubern wol.
Ich sags bey ayd vnd auff mein eere,
Es hilfft kain straff vnd tugend mere
Die junge welt kan so vil schwencken

         Das

*) Fürwahr.   **) Brannte.
†) Mädchen.   ††) Heere.
†††) Nimmer.

Das die alt nye dorfft gedencken,
Ich will geschweigen das sie es thet,
Darumb es warlich übel stet.
Die mütter netz ir töchter leren
Sich mit der schelmen zunfft ernåren,
Mich dünckt fürwar es wår nit not
Zu boßhait geben solchen rot,
Es lernt sich alle stunden selber,
Das küw im stall geperen kelber.

XIX.
Das klapperbåncklin.

Liebe gfatter seltenfrid,
Solt es mich verschmahen *) nit,
Das mich der öde schåndlich man
Hat zu den schelmen heissen stan
Ach helffent mir ich kan so vil
Das ich jn wol verzaubern wil.
Der teüffel hat dich haissen komen
Ich habs in meinen syn nye gnomen
Das ich dich her hab heissen ston,
Du wilt selbander diß ort hon.
Vnd bringst fraw seltenfrid mit dir
Vnd drowest zu verzaubern mir.

*) Mir zur Schmach gereichen.

Ich glaub, daß du vnd der böß find,
Warlich seyen geschwisterkind.
Waiĩ wa du solt zu kirchen gon
So bleibst du auff der gassen ston
Vnd richtest Pabst vnd Kaiser aus,
Auch kombst du nymer haim zu hauß
Du habest daiĩ die leüt vnd land
Mit deinen bösen worten gschand
Vnd viertzig tausend lugen gdicht
Got vnd die welt gar außgericht *).
Ja waiĩ ain vogel käm hyehere
Tausent meil weit über mere
Du hencktest jm ain spötlin an
Vnd schültst mich erst ain oben man
Gond herzu ins teüffels namen
Du vnd seltenfrid zusamen,
Jr klapperen vnd kakatressen,
Deñ man wänt ir hören messen,
So stond ir wol zwölff gantzer stund
Vnd wäschend euwern faulen mund
Mit fromen erbern biberleütten
Vnd das vorab in hailgen zeitten,
Ewers schwätzens ist kain endt

Biß

*) Ausrichten wird noch heut zu Tage in Franken
   für Schmähen, Lästern gebraucht.

Biß ir hond yederman geschendt,
Als ir mir yetz auch hond gethon
Do ich euch hieß zun schelmen ston.

XX.
Zwischen stülen nidersitzen.

Hailger Leichnam vnd botz darm *)
Ich malnt gar offt ich säße warm
Vnd het im bad gar gute hitzen,
Da müst ich schändlich nyderfitzen
Zwischen zwayen klainen stülen
Da mer schelmen niderfilen.
Zwayen herren dienst zusagen
Mit aim hund zwen hasen iagen,
Loben da, vnd dort hyn klagen,
Das kan nit seyn durch grosse witzen,
Vnd macht oft manchen schelmen sitzen
Zwischen zwayen stülen nider,
Das er selten auffstat wider.
Man sagt mir, wer vil handtwerck kan
Der wird zuletzt ain armer man
Das er kainem thut genug
Vnd legt sein hand an ainen pflug

D 3   Berewt

*) Eine Verwunderungs= und Fluchformel.

Berewt *) jn bald, ist nur sein schuldt,
Damit verleürt er gottes huld.
Wir nemen offt vierhundert pfründ
So wir nit ainr vernuegen **) thūnd,
Auch seind wir hye vnd anderßwa
Vnd sitzen weder hye noch da,
Wir werden münch vmb ewigs leben
Vnd dienen doch der welt darneben.
Wir wolten gern auff baiden seitten
Eerlich auff aim stecken reitten,
Vnd weñ wir hond den dienst gethon
So gibt vnß doch ir kainer lon
Ye ainer weißt vns auf den ain †).
Wer sein lon nimpt von der gemain
Vnd waißt nit ain insonderhait
Der jm sein lon entgegen trait
Der ist ain narr auff meinen aidt.
Darumb rat ich mit trew on spot
Das wir alle dienten got
Der allezeit belonung that
Wa man jn freüntlich darumb bat.

*) Es reuet ihn.   **) Genüge.
†) Andern.

XXI.

XXI.
Tieffe wörter geben.

Weñ ich hab ain ſach mit ſchmertz
Die mir gantz nit iſt vmb das hertz,
Als weñ ich näm ain altes weib
Mit ainem runtzelichten leib
Vnd het doch guldin vil darneben,
So kan ich tieffe wörter geben.
Wer vor zeitten weiben wolt
Der acht kain ſilber oder golt,
Wa er fand ain züchtig magd
Von deren ältern nyeman klagt
Die da waren erber leüt
In gegenwürt vnd lange zeit,
Vnd wa man fand ain guten namen
So griffen ſy dañ eelich zamen *),
Yetz fragt man nym̃ nach zucht vnd eert
Auch nach kaim guten namen mere,
Die erſten fragen die man thut
Die iſt, wie vil ſy habe gut
Vnd ob ir ſey der ſeckel ſchwäre,
Ob ſy gleich ſunſt gantz rotzig wäre
Gryndig, lieff voll läuß, vnd ſchäbig

*) Zuſammen.

Schellig *), blind, vnsinig, töbig **),
Das schadt ir nit, het sy nur gelt
Bald spricht man das sy wol gefelt.
Het sy zwölff jar an krucken krochen
Vnd den arß in falten gstochen
Noch dañ ist sy mein kaiserein
Vnd auch die allerliebste mein
Auff der seitten allermaist
Da sy den schwären seckel waist.
O wie tief schöpfft er die wort
Weñ er spricht mein höchster hort.
Ich wolt wa ich ain schelmen find
Dem kain gut wort im hertzen sind
Vnd redt vns dañocht freüntlich an
Er müst mir an das örtlin stan
Das er deñ frölich dörffte sagen
Der teüffel hat mich hergetragen.

XXII.

Die Saw krönen.

Sus saw, grobianus haißt ain schwein
Der nichtz kan dañ ain vnflat sein
Von dem mit wotten, werckn, berben

Die

*) Dumm.   **) Ausgelassen.

Die loß *) im stall krönet muß werden,
Vnd vnser loß so adlich schetzt
Das er sy auff ain küssin setzt,
Benevenerits nobis, herr grobian
Sursum corda, fachts essen an
Ist schon ain edler da dan ir
Des achtent nit, greifft in das gschir
Wa das best ligt anderßwa
So greiffent dar vnd nements da
Vnd achten nit vor wem es lige
Als die faw thut in der stige
Sucht das best von allen stücken
Karpffenzünglin thut verschlücken
Kalbsköpff, hirn vnd dreüschen **) leber,
Hauend drein recht wie ein eber
Vnd laßt ain röupßgen das es kracht
Vnd haltend auch allain den bracht ***)
Mit wüsten worten vnd mit wercken
Die sawglock lassent vnß auch mercken.
Kumpt ain mönch vnd haist durch got †)
So hört ††) das zu der schelmen rott,

D 5   Das

---

*) In dem angeführten *Vocabularius* heißt Loſa ſcropha, porca.
) Droſſeln.   *) Geräuſch, Geſchrey.
†) Bettelt um Gottes willen.   ††) Gehört.

Das du jn fragst, wie offt vnd dick
Ain uacht versuchet hab sein glück
Wie lang er hab, wie groß er sey
Das hört als zu der schelmerey
Wollt er sich dañ da vor dir klagen
So sprich, o münch du hörst in wagen *).
Wißt mein fraw dein adams rut
So thet sy mir nymer gut,
Biß guter ding vnd kotz darneben,
Dañ will ich dir erst vrlaub geben.
Ja grüß mir jn du merckst mich wol
Gäbst mir von deiner grobheit zol
So mächtig ward kain herr am Rein
Der mit mir legt gleich pfeñing ein.

XXIII.
Glatte wörtter schleifen.

Die welt ist yetz der list so vol
Welcher sie überlisten sol
Der ist gantz von künstreichen synen
Vnd muß mer dañ ich selber küñen
Auch nach dem rechten schnürlin greiffen
Vnd freilich glatte wörtter schleiffen.

All

*) Du gehörst in den Wagen, der Schelme nemlich.

All warhayt ligt yetz auff der erd
Wer mit vmgat der ist nit werd *).
Es seind der schmaichler also vil
Der keinr die warhait reden wil
Das es laider ist ain schand;
Das lugen vol seind alle land
Man findt yetz maister die dich leren
Wie du dein wörter omb solst keren
Schleiffen glatt vnd glitzend gärben
Vnd auff der zungen zyerlich färben
Das sy gantz glatt mir fallen ein
Als wär es nichtz dañ süßer wein,
Auch wie man sol ain titel geben
Durchleüchtig, hochgeboren, eben
In der geburt ist auffgestigen
Hoch oben da die fässer ligen.
Wir müssen yetz den Pauren eren
Fürsichtig, weysen, lieben herren,
Sy lassen sich fürsichtig schelten
Vnd wissen nit was rüben gelten
Seyen wir dañ gaistlichs orden
Vnd hoch titellirt worden
Alß gaystlich frum vnd hailig vätter
Den hymel dient vnd alle wetter

Was

*) Wird nicht sehr geschätzet.

Was sol ich vil sagen davon
Der leiplich teüffel hats gethon
Das ain demütig gaistlich man
Hochfertig, glatte wortt will han.
Wa wills zuletzt doch außhyn gon
Oder wie lang mag es beston.

XXIV.
Der naß knabe.

Das sind mir freilich naße knaben
Die vil verzern vnd wenig haben
Vnd seind mit bösem wasser gwäschen
Auch hond den schlüssel in der täschen
Damit sy den schalck außher lon
Doch knüten wider bschliessen schon
Knüten sich in dem stegraiff nären
Mit neüen beesen stuben keren
Den fliegen van den herren weren
Thund haimlich in den mantel stechen
Mit fenster werffen sich selbs rechen,
Schmachbüchlin schreiben on ain namen
Mit lügen bötzen wider zamen,
In der kutten gaistlich berden
Dem dennocht möcht ain ortlin werden

Bey

Bey diſem fromen naſſen knaben
Ob ſy mirs ſchon für übel haben
Das ich dieſelben hyeher ſtell
Was kan ich für mein vngefell
So ich diß jar zunfftmalſter bin
So ſtell ich ſy nach meinem ſyn
Weñ ſy ain andern nach mir wellen
Der mags nach ſeinem willen ſtellen
Dieweil ich bin an meinem ampt
Ker ich mich nit an ſy allſampt.
Naſſe knaben, truncken fläſchen
Mit böſem waſſer ſeind ſy gwäſchen
Das ich kain ander örtlin find
Dañ diß für ſolche böſe kind.

XXV.
Von Reichſtätten reden.

Mancher will als richten auß
Was in dem Reich iſt vnd darauß
Wie das Römiſch Reich beſtand
Mit teütſchem vnd mit wälſchem land
Vnd weñ mans bey dem licht beſicht
So iſt jm doch bevolhen nicht.
Wer ander ſachen mit ſeim ſchaden

Auf

Auf seim rucken will beladen
Vnd will meer tragen dan er mag
Vnd für ander füren klag
Der tag vnd nacht hat grosse sorgen
Wem die Venediger gelt erborgen
Wie sy es wöllen wider geben
Vnd wie der Pabst halt hauß darneben
Vnd wie des Römischen Künigs punb
Der Frantzos nit halten kund,
Vnd nympt sich vil des Künigs an
Der jm nye kain bevelch het than,
Der mag wol sein ain geugkelman,
Wa wir trincken oder essen
Des Künigs wölln wir nit vergessen
Vnd fragen, wie der Pabst hauß halt
Vnd klagen des Frantzosen gwalt
Auch wie er vns mit list darneben
Ains auff den schwantz vns werde geben
Vnd wie der Künig von Arragon
Die von Venedig nit wöll lon
Vnd der Thürck kum über meere,
Das kümert vns von hertzen seere,
Der dreck leit *) vnß so nach beym hertzen
Das wir davon hond grossen schmertzen

                                           Die

*) Liegt.

Die Reichstätt müſſen auch daran
Die hond ons diß ond das gethan
Wir wölln's nit ungerochen lan.
Lieber ſchelm ſchüfſt *) du das dein
Vnd lieſt die Reichſtätt reichſtätt ſein
Vnd trunckeſt guten wein darfür
Das reich darum kain ſtat verlür.

XXVI.
Ain ſpecklin auff der fallen.

Wer nach ſeim ſyñ will fahen meuß
Der ſchmyr die fall vorhyn mit fleiß
Es iſt ein ſprichwort heür vnd fern
Wa man ſchmirt da fort man gern
Wilt du das deine thür nit kirren
So ſolt du ſy vor wol beſchmyren.
Wer nit wol ſchmyren kan ain fall
Mit honig ſtreichen gifft vnd gall
Saur mit ſüß vermiſchen kan
Der laß die meß zu Franckfurt ſtan
Da lernſt du wol des kauffmans tandt
Wie man jn treibt in allem landt.

Das

*) Schüfſt, das Imperfectum von ſchaffen, be-
ſorgen.

Das oberſt iſt ſchon zugeriſt
Lug *) du für dich was vnden priſt.
Der ſchawfalt **) hat ain gut geſicht
Wiewol dem andern vil gebricht,
Darumb ſo haißt es abentheür
Oben ſüß vnd vnden ſeür
Alle ding ſeind auff den kauff berait
Was man fail zu meſſen trait
Wie kan yetz ain kauffman ſein
Der ſein fall nit richt darein
Vnd ſtreicht das ſpecklin vornen dran
Damit man narren fahen kan.
Die krämer hond gut reich zu werben
Wa narren kauffen on geferden
Weiſt du ſchon ain man betreügſt
Wie achtſt du aber das du leügſt
Vnd ain fromen bringſt vmb gelt
So jm der war dargegen felt
Das du mit recht ſolt widerkeren,
Betriegens, raubens wilt dich neren.
Den kauffman henckt man für die ſtat
Der ſolich kbuff getriben hat.
Fürwar es wär mir gleich ſo lieb

Das

*) Siehe.
**) Von dieſem Wort ſ. das Gloſſar am Ende.

Das mir mein gelt doch stål ein dieb
Dañ das mich ainr offenlich treügt
Vnd so schädlich nur erleügt.

XXVII.
Waſſer in prunnen ſchütten.

Man ſagt mir, der pruñ ſey nit gut
Darein man waſſer tregt vnd thåt.
Alle ſtraffen mügen nicht
Erſchieſſen *) an ain böſen wicht.
Die alten hond das wol gewiſt
Das nichts ausgat da nichts in iſt.
Was wol will, das thut allweg recht
Wa aber iſt ain böſer knecht
Do muß ain guter maiſter ſein
Der jm ain munð vol guts brächt ein.
Hieher gehören meine kind
An den all ſtraff verloren ſind
Vnd lond jn ſagen, pfeiffen, ſingen
Noch kan man ſy nit fürter bringen.
Tauff vnd chryſam iſt verlorn
Sy bleiben in den alten jorn

Wie

*) Erſprieſſen, etwas ausrichten.

E

Wie sy in jugent seind erzogen
Leckersch, diebsch vnd als erlogen,
Den galgenweg hond sie gelert
Vnd ire augen doch verkert
Auch zu aller boßhait gflissen
Hond in den tauff darzu gesch...
Meine sün die Merzen kindt
Wer sy strafft dem seind sy find,
Galgenschwenckel, kräenspeiß *).
All ir sorg ist vnd ir fleiß
Das sy sich hütten vor den frumen
Biß sy zu ires gleichen kumen
Vnd der feldglock **) klupffel werden
Das ist der lon ir hübschen berden
Do sy nit folgten meinem rat
Do folgt ich jn biß für die stat
Vnd keret wider haim zu hauß
Vnd ließ mein kinder hengen dauß
Do hangens noch, got sey es klagt
Das ainer so klain Eer erjagt
Zu aignem hail nit laßt erbitten
Vnd wasser in den prunen schütten.

*) Speise der Raben.
**) Des Galgens.

XXVIII.
Nuß durch ain sack beissen.

Wer da bult ain Closterfrawen
Die er mit augen nit kan schawen
Zu sehen jm nit werden magk
Der beißt die nuß nur durch den sack
Der schaum im maul, der kern ist byn *)
Ist das kewen nur sein gwyn
Der stat bye an der schelmen rot
Der sich vil hånydel vnderstot
Die über sein vermögen sindt
Vnd suchet das er nymer findt
Der beißt vmbsunst nuß durch ein sack
So jm der kern nit werden magk.
Den kern haiß ich das ewig leben
Die zeitlich fröwd den schaum darneben.
Den schaum zu kewen ist vns gach **)
Dem keeren wir nit dencken nach
Vnd weil mans bey dem Licht besicht,
So speißt der schaum vns dennocht nicht.
Der beißt auch nuß durch ainen sack,
Der bult das jm nit werden magk

*) Darin.
**) Wir eilen unbesonnen.

Vnd vorab gaistliche kind
Die got allain bevolhen sind
Vermähelet dem höchsten got,
Die bringst du zu der schelmen rott.
O wee wie würdt es mir ergon
Das ich hye her hab haissen ston
Die Closterfrawen hye besunder
Es nimpt mich selber grosses wunder
Das ich so frävel bin gewesen,
Doch hab ichs allain ausgelesen
Die so schöbig seind mit berden
Das sy zu schelmen wöllen werden
Vnd gantz vergessen ires orden
Vnd seind zu bulerinen worden,
Sy wurden warlich yetzund lachen
Wenn ich jn küchlin hett gebachen
Nun hab ichs laider nit gethon
Deß muß ich manchen ritten hon.

XXIX.

Das maul in den hymel stoßen.

Man sagt mir, das in alter zeite
Waren vil geschnäblet leütte *).
Ich kans nit für ain wunder han

*) Menschen mit Schnäbeln.

So

So man yetz findt ain schnäbler man,
Der mit seim maul erraichen mag
Den hymel vnd die stern alltag
Da schlag der leiplich teüfel zu
Das yetzund ist so groß vnru
Das got selbs nit meer sicher ist
Den schelmen auch kein schnabel brist
Damit sy bes in hymel raichen
Vnd straffen got in seinen zaichen
Yetz hat er ju nit recht gethon
Das er vns hye hat regen lon,
Yetz ists zu warm, dañ ists zu kalt
Vnd redendt got in sein gewalt
Wir hond so grosse sorg auff erden
Wie es doch sol gewittert werden
Wie die soñ vnd auch der mon
Nach vnserm willen sollen gon
Darumb thun wir vns ain proceß *)
Vnd lesen für das wetter meß
Wir gond mit creützen vnd mit singen
Das wir die schelmen zamen bringen,
Käm vnser herr gott hye auff erden
So müst er erst ain schüler werden
Wie er vns doch solt wittern lassen

*) Procession, Umgang.

Wir honds alß nach der rechten massen
Ain schelm wil got regieren leeren
Der vnß nit kund ain sewstall keren
Vnd straffet got in seinen sachen!
Der nye kain löffelholtz kund machen.
Was nement ir euch an so vil
Lond *) got machen wie er wil,
Ich hör wol von deins ackers wegen
Solt got geben dir ain regen
Das sunst zwaintzig feld darneben
Vm dein willen im wasser schweben.

XXX.
Ain raiff außstecken.

Wer kain dieb mit wercken ist
Der sol nit brauchen dirbisch list,
Wer nit schencken will den wein
Der zeüch ins teüffels namen ein
Den raiff, so sicht man was da brist
Vnd das kein wein daselbst feil ist.
Man findt wol weiber die seindt frum
Des schwür ich tausent ayd darum
Wen ich das frölich dörffte sagen
Sy het den arß in die schantz geschlagen.

*) Lasset.

Alle weiber hond die art
Wen̅ schon ain nymer übel fart
So hat sy doch ein freüd darab
Das man von jr gefallen hab
Vnd das sy raizen yederman
Mit farben die sy streichen an
Als ob sy selber köuflich weren
Vnd das man sy schier muß begeren,
Es tut nit not ain man zu raizen
Er frißt sich selbs in diser baizen,
Den frawen vnd ducatengold
Ist man sunst vergebens hold,
Die weiber hond ain freüd daran
So vmb sy wirbet mancher man
Sy sagen aber nit darneben
Das sy dartzu hond vrsach geben,
Liessen sy das raißlin ston
Sy würden nit vil werber hon.

XXXI.
Der vnnütz vogel.

Der vogel hat ain böse art
Der sein aigen nest nit spart
Sunder selber sch… darein
Den gschmack doch selber nym̅et ein.

Ich merck wol was demselben brist
Das er jm selbs ein nequam ist.
Der vogel kan nit sein der best
Der sch... in sein eigen nest.
Wer jm selbs ain schalck will sein
Wie schont er dañ der Eren mein.
Ain pfaff der ander pfaffen schent
Vnd in der predig an sy went
Den layen klagt jr obelthat
Auff der kantzel, da es hat
Weder glimpff vnd weder fug.
Ich habs gehört, der wasserkrug
Laß sich so lang zum prunnen tragen,
Biß das er werdt in stuck geschlagen.
Wer da schendt sein ratsgenoß
Bei dem er ist ein vndersoß,
Wer sein aigen stat verderbt
Vnd sein leiplich kindt enterbt
Vnd jm selber stelen kan
Das jm kein frömder rieret an.
Die gaistlichhayt thuts allermaist,
Was ainer von dem andern waist
Das muß heraus, so yederman
Mit andacht kumpt zu predig gan.
Wir suchen vnser selen hail

So zeigt er mir den neythart fall
Vnd klagt mir van sein brüdern vil
So nyemants da nit richten will.
Das mag ain öder vogel sein
Der in sein nest selb scheisset ein
So er doch selber sitzet drein.

XXXII.
Schelmenbeicht.

Ain schelmen keñt man bey der beicht
Weñ jm die sach ligt also leicht
Das er spricht, mein lieber herr
Richt mich auß *), ich muß noch ferr.
Lauff nur hin biß **) außgericht
Meinent halb ists schon geschlicht.
Es mag wol seyn ain schelmenbeicht,
Weñ ainer spricht, ob ich vielleicht
Hett wider got den herren thon
Den peltz will ich mir wäschen lon
Vnd den harnisch sauber fegen
Was ich nit kan muß der pfaff frägen.
Weñ ich den schelmen fragen solt
Vnd er nit selber sagen wolt

*) Fertigt mich nur bald ab!
**) Sey!

Ich wolt jn fragen wie weit were
Zwischen Schnerßhaim vnd Ferrere *)
Vnd widerumb zum Kochersperg
Was dörffer lägent vberzwerg
Wes fragst du nit das du es wolfft
Handlen, das du noch nit solfst.
Kanst dn die schelmenstuck begon
So lerns auch klagen got darvon
Vnd nun in aller teüfel namen
Wilt du dich der klag dañ schamen
So hüt dich vor den wercken auch
Mach kain feür so meidst den rauch
Vnd kumbst darzu als spötlich gon
Ich wölt den harnisch fegen lon
Vnd fragent weñ gut beichten sey
Vnd treiben nun ain schelmerey
Auß den hailigen sacramenten
Als ob es wären blaue Enten.
Spot deins gleichen, bist du weiß
Vnd schon der sacrament mit fleiß
Deñ bittst du mich du armer tropff
Das ich mein hend leg auff dein kopff
Ich käm wol an vnd legt dirs drauff
Das du sprächst, ach hörent auf.
*) Ferrara.

XXXIII.

XXXIII.
Auf des teüfels schwanz bunden.

Ich hab wol manchen schelmen funden
Dem teüfel auf den schwantz gebunden
Der in widerwertigkait
Dem teüfel bündtnuß zu hat gsait *)
Vnd maint, jm wurde nymer baß
Biß das er bey dem teüfel saß.
Etlich sich dem teüfel geben
Wen es jn übel geet jm leben
So bald verzweifeln sy daran
Vnd wölln kain gdult in sachen han
Vnd mainent got der hab nit recht
Das er sy mit der straff durchächt
So sy es nit verdienet haben,
Das seind mir freilich nasse knaben
Vnd gar zeitlich auferzogen
Das sy als scheutlich vnd erlogen
Got den herrn dörffent straffen
Das er nit sorg vnd leg sich schlaffen
Vnd nem jr guten werck nit acht
Das er vmb kain belonung tracht
Gleich als ob der Herr nit wißt

Vmb

*) Zugesagt, sich verbunden hat.

Umb euern betrug vnd falschen list
Gäb er euch verdienten lon
Ir würdent werlich übel ston.
So er euch nit gleich auffwist *)
Vnd euch zu helffen ist gerist
Wie jr das nur selber wellen
Vnd allen rat euch thut bestellen,
So thund jr wider jn vast kallen **)
Die sach will euch gantz nit gefallen
Vnd fahent euch an zu ertrencken
Erstechen, würgen vnd erhencken
Verzweyflen an barmhertzigkait.
Kurtz ab ich hab gethon ain ayd
Aller schelmen zunfft gemain
Das ich derselben stell her kain,
Der jm selber thut den todt
Der hört nit in der schelmen rott
Er ist nit werdt das er sol seyn
Bey schelmen, er ghört auff den Rein
Vnd in der höll hat er vil kunden
Auffs teüffels schwantz ist er gebunden.

*) Eigentlich: aufwichset, gibt, was ihr wollet.
**) Reden, schreyen. S. Scherz. Glossar. col. 752. f.

XXXIV.

XXXIV.
Pilatus im Credo.

Das teſtament jm ſelber macht
Pilatus, das ſein würdt gedacht
Offt vnd dick zu klainen Eren
Dabey ain weiſer mag wol leren
Wornach ain yeder ſelber ringt
Daſſelb jm ain nachreden bringt.
Darff ain ſchelm ſein alſo öd
Alſo bübſch vnd alſo ſchnöd
Das jm kain ſchalckheit iſt zu klain
So iſt als dörſtig die gemain
Das ſy es als darff von jm klugen
Pfeiffen, ſingen, predigen, ſagen
Wañ es iſt alſo komen her,
Böſe werck geñd *) klaine Er.
Weñ man dein gedenckt alſo
Wie des Pilatus im Credo
So ſolſtu ſelten werden fro
Das iſt Pilatus teſtament,
Weñ ainer an ſeim letſten end
Auff erden läßt ain böſen namen
Des all ſein kindi ſich müſſent ſchamen

*) Geben.

Verſorgt er ſchon mit Gut ſein kind
Vnd brächt zu reichtumb all ſein fründ
Noch dörffen ſy nit auffrecht tragen
Ir augen, die ſy vnterſchlagen
Wo man ſein ſchelmenſtuck kan ſagen.
Ich hab das örtlin jn zugeben
Allen, die nach diſem leben
Löſtren, ſchenden als ir gſchlecht
Vnd thund ſelber auch nit recht
Deñ ſo ligt gantz nichtz daran
Was nach dem tod red *) von jn gan
Die guter nam beweget nye
In jener welt, vnd vorab hye.
Salomon ſpricht, hab ſorg vnd acht
Das dir nymer werd gemacht
Hye vnd dort ain böſer namen,
Des du dich allzeit müſſeſt ſchamen.

XXXV.
Kurtzen athem haben.

Wir leichnam frumen trucknen knaben
Gantz ain kurtzen athem haben
Wañ er vns ſchier will gar zerrüten

Das

*) Was für eine Rede.

Das wir doch nit behalten künen
Darumb das wir kain holfaß sind
Stond wir hye wir armen kind.
Hond jr ain verdruß darab
Das ich eüch hergestellet hab
Was treibt jr dañ so manche sag
Das eüch der blitz vnd donder schlag
Wer hat eüch doch befolhen das
Das haimlich vnd verschwigen was
Das legen jr als an den tag
Ee das man thut darumb ain frag.
Hör vnd sich, vnd schweig darbey
Ja weñ dir wol mit friden sey,
Ist dir aber wol mit kriegen
Haimlichs sagen oder liegen
Würdt dir dañ der laimen klopfft
Vnd dein schöns har außgeropfft
So wollt ich durch die finger lachen
Darum so leern sparmund machen.
Het Sampson sein haimlichait
Dalide nit selbs gesait
Er wär nit komen omb sein har
Vmb sein leben auch fürwar.
Wilt etwas thun so schweig, mit warn,
Du spraitest sunst das vogelgarn

Offen=

Offenlich den vögeln bar
Das yeder sein bald nimet war.
Darumb so lůg *) dein athem spar.

XXXVI.
Mit allen winden seglen.

Wer zäglen kan mit allem wind
Vnd lauffen oben hin in grind
Den man empfahen wie er ist
Der ist von sunderlichem list
Vnd muß die wind freilich wol kennen
Ja will er faren schnell von denen.
Wer ains hye leügt, das ander dort
Derselb mit allen winden fört,
Rat du aber mir wa hyn
Da widerkeren nit mag syn
Da sy stätig müssen bleiben
Das seind die schelmen, die da treiben
Auff baiden saitten gfällig wort
Schelten hye vnd lobent dort
Sagent nain, dort sprechen ja
Lachent hye vnd wainent da
Gaistlich sein vor angesicht

*) Siehe zu, bedenke das!

Vnd halten dennoch, frumkait nicht,
Spricht man denn das euch got schendt
Das ir vil frumer leüt verblendt
Das ir euch also gaistlich zaigen
Bucken, biegen, beeten, naigen,
Vnd zaigend euch das ir nit sind
So gend sy antwurt mir geschwind.
Schweig daß dich der ritten schitt *)
Das tuch behält die farb sihst nit.
Wer sich yetz mit gaistlich leügt
Vnd die welt mit list betreügt
Derselb muß yetzund hungers sterben
Vnd in seim eigen schmaltz verderben.
Man muß die welt füren also
Es ghört den pauren haberstro.
Wir mügen wol sein was wir sein
Nur das wir tragen guten schein.
Ist das war, hond ir den vertragk
Der donder schlag in betelsack
Ir habt aim menschen bald gelogen
Doch main ich, got werd nit betrogen.

*) Daß dich das Fieber schüttle!

XXXVII.
Sich selbs kützlen.

Wer sich selber kützlet vil
Der mag wol lachen weñ er will
Weñ wir kriechen vnd seind alt
Vnd ist vns leib vnd blut erkalt
Vnd mügen weder guck noch gack
Noch sagen wir, ich denck den tagk
Da ich der welt auch war geleich
Also schön vnd seüberlich
Das mir die frawen waren holb
Vnd schanckten mir gut, silber, gold,
Ich hab erbult alls das ich hab
Wiewol ich yetz gang an aim stab,
Hört wie sich kützlet der alt schalck
Vnd gärbet mir ain yltisbalgk
Wie ist jm doch sein sünd so leid
Der er sich riembt vnd hat jr *) freüd,
So er die werck nym treiben kan
Noch kützlet sich der öde man
Das sich die jung welt ergert dran.
Weñ ich ain alten das hör sagen
Der mir ain beyspil vor solt tragen

Wie

*) Ihret wegen.

Wie er gebubt hab vnd gespilt
Vnd alle hurerey erfhůlt,
So denck ich, griß du alter gaul
Wie bist du worden also faul
Nur in die schelmengrub darvon.
Must du von den wercken ston
Vnd magst nym hotten *) oder gon
So meid durch got die schnöden wort
Hye schadts doch nit, so hilfft es dort.
Warlich der weynkauff ist getrunken
So laß ich mich das sicher duncken
Das vmb ain yedes schåndtlichs wort
Wir rechnung geben můssen dort.

XXXVIII.
Schaufflen für den arß schlagen.

Vmb guts gen **) böß, kain danck nit sagen
Die schaufflen für das arßloch schlagen
Gehört doch in der schelmen rott
Das wir weder mensch noch got
Nit durch ain filtzhut sehen an
So wirts als von vns selber han
Seit ich mich des hab vnderwunden

*) Fortkommen. **) Geben, erzeigen.

Schelmen, lecker, böse kunden
Göffelsmäuler, nasse knaben
Die hosen halb zerschnitten haben
Jedem geben sol ain stand
Darnach sye das verdienet hand
So solt zuvorderst sein gesessen
Die got des herren hond vergessen
Gedencken nit das leib vnd leben
Got der herr vnß hat gegeben
Vnd vnß bewart an aller stat
All vnser har gezalet hat
Die schelmen hat so saur erarnt
Vnd so freüntlich vnd trewlich gewarnt
Vnd ist der bößwicht also faul
Das er doch nit aufthet sein maul
Vnd spräch; ach herr, hab Er vnd lob
Auf erden vnd im hymel ob.
Ja wol die schelmen volgen nit
Kain predig hilft, so hilft kain bitt,
Die bößwicht mainen bey meim aydt
So got mit dienst jn sey berait
Vnd so freüntlich mit jnen halt,
Er muß jn dienen mit gewalt
Es sey jm lieb recht oder laidt
So muß er seyn mit dienst berait,

Deß-

Deßgleichen auch die menschen alle
Vor jm müssens niderfalle
Des gibt der schelm jn bayden lon
Als er vor hat mer gethon
Das sy sich billig mügen klagen
Er hab jn bayd die schäuflen gschlagen.

XL.
Bad überhencken.

Man sagt mir vil von guten schwencken
Das heißt eim sud *), bad überhencken
Das mancher offt muß laider schwitzen
Von dem schnee als von der hitzen,
Das manchem wacht sein grosser schad
Proficiat spricht man jm das bad
So klug vnd weiß ward nye kain man
Der solche bäder machen kan
Vnd die kreüter keñ dartzu
Oder wie man so wärmen thu
Dariñ ain man on alle hitzen
Von dem schnee facht an zu schwitzen
Durchdringet jn ain solcher schwaiß
Das ich bey meinem aydt nit waiß

*) Einem Feinde.

Ob ye kain bad auf erden was
Darin die menschen schwitzen das
Die frawen kyüendts aber machen
Des möcht der leiplich tehfel lachen.
Mir was ainmal ains zugericht
Das ich bey Ayß vnd Eer nit wißt
Ob mir warm was oder kalt
Noch dannocht schwizt ich mit gewalt
Das mir der tödtlich schwaiß außdrang
Des hub ich darnach an vnd sang
Darnach waint ich jr dañ wider
Der schwaiß durchdrang all mein glider
Ich lieff, ich dobt, ich sprang, ich wüt
Vnd walt in mir als mein geblüt
Mir was der tag gleichwie die nacht
Also ward mir ain bad gemacht.
Weñ ich zwölfftausend gulbin het
Ich thet nym was ich do zumal thet
Solt ich in das bad widersitzen
Ich wird mein sel vom leib auffschwitzen
Das was mir erst die gröste pein
Das Treitlin dartzu lachet fein.
Hüt herr got, bhüt mir syñ vnd witz
Das ich in dem bad nit meer schwitz.

XLI.

XLI.
Die sau verkauffen.

Wa ain eerlich gsellschafft ist
Schympflich vnd zuchtig zugericht
Noch findt man dennocht ainen man
Der die sau verkauffen kan
Daduch ain gantze gsellschafft muß
Groß schanden tragen oder buß,
Den ists freilich ain schwäre bürd
Wa züchtigklich versamlet würd
Ain freüntlich gsellschafft ye zu fraiden
Die ain schelm thut gar belaiden
Vnd facht ain schödlichs spyl jn an
Damit sy all zu schaffen hait
Mit laib vnd leben kaum entrinnen
Am saukauff wenig nutz gewinnen.
Derselben schelmen seind so vil
Weñ nyemants die sau kauffen will
So gend sy die so wolfail dan
Das der kauffman für sich gen
Vnd hand auch weder rast noch ru
Ee schancktens aim die sau dartzu.
Paris verkaufft ain solches schwein
Da Troy gantz fiel in aschen ein

F 4   Von

Von dem ich das hab gründtlich ghört
Das durch sein kauff, Troy ward zerstört
Durch kriegen vnd schödliches raisen,
Dartzu gemacht witwen vnd waisen
Daran Paris nur schuld gewan
Ich wolt das ain solch öder man
Der durch ainen kaufauff bringt
Das man land vnd leüt bezwingt
Dörffer, flecken, stet vnd mauren,
Dartzu verpreüt die armen pauren
Das er die sau selbs fressen müst
Aus dem kot *) recht also wüst
Das er ain solche wüste speyß
Nit meer anricht sam handelreiß
Vnd vnverkauffet fürter ließ
Die sau biß ichs jn selber hieß.

XLII.

Den peltz weschen.

Mancher kan ain peltz wol wäschen,
Vnd darff doch weder laug noch äschen.
Je mer man wäscht ain peltz fürwar,
Je mer vnd mer bscheißt man das har

Also

*) Roth.

Also vil gwint der daran
Der strafft ain unsträflichen man,
Ich hab der mertzenkinder vil
Der kainer sträffen laiden wil
Man sing vnd sag ju was man wöl
So findt man nichts das jn gefall
Wen sy jung zu schulen gan
Frü facht die nessel bretten an,
Vergifften sich vnd ander kind
Thet man sy nit hinweg geschwind
Sy solten wol den gantzen stall
Reüdig machen überall.
Dan würt seins vatters straffen kund
Den bringt er warlich in den grund
Es hülfft dan weder straff noch rat
Mein sun ain aug verkeret hat
Von dem galgen zu dem rad
Da wirt zulezt sein wasserbad.
Kumpt er dan im jar ain mol
Zu predig gon, so merckt er wol
Auff des priesters straffen all
Ob jm nendert *) ain gefall.
Alle leer gefalt jm nit
Von pfaffen, münchen auch damit

*) Jrgend.

Er spricht, ich dörfft ain haller nemen
Wa man kumpt zu predig zemen *)
Weñ ich mein lebtag meer darkum
So werd ich blind, lamb oder krum.
Gott woll dem münch den ritten geben
Wes strafft er sich nit selbs daneben.
Schulmaisters, predigers, vatters zorn
Ist grund vnd boden als verlorn
Weñ aber kumpt der hencker gon
Der gibt jm erst den rechten lon.

XLIII.
Raten was die rüben gelten.

Es lendt **) sich vil ratsherren schelten
Vnd wissent nit was die rüben gelten.
Du magst wol land vnd leüt verfieren
So du dein hauß nit kanst regieren.
Ain schelm des Reichs †) sich vnderstund,
Der doch der schwein nit hüten kund.
O was brauch ich groß vernunfft,
Das ich ratsleut bring in die zünfft,
Ich neñ sy doch nit all gemain.

*) Zusammen.   **) Lassen.
†) Der Regierung.

Die groſſen ſchelmen nur allein
Die die andern all verfieren
All ſachen wie ſy wend *), regieren
Weñ ſy wöllen vmbher fragen
Jr mainung thund ſy vorhyn ſagen
Als Cayphas Chriſto Jeſu thet
Do er jn vor verurtailt het
Als den böſen todt vetwürckel hat
Darnach fragt er erſt vmb rat
Do ſprachen ſy, man ſolt jn hencken
Das kund ich vorhin wol gedencken
Weñ die groſſen ſchelmen wöllen
Jr vrtail zu dem erſten föllen
Vnd ir mainung vorhin ſagen
Das die klainen nachher jagen.
Jaherrn neñt mans bye zu landt.
Was die erſten geurtailt hand
Das dunckt ſie alle ſament recht
Daſſelb jr kainer widerfecht.
Ja herr, gnad herr, herr wider herr
Iſt es nit weit, ſo ſey es ferr **),
Iſt es nit kalt, ſo ſey es warm
Es gat yetzund das got erbarm.
Wie iſt ain frumer rat ſo ſeltzen.

Ach

*) Wollen.   **) Fern.

Ach got, es gat yetz alls auff ftelzen
Biß daß ainmal den Hals abstürtzt
Vnweyser rat ain laud verkürzt
Wiewol ain weyser. küf vnd land
Halt in wesen vnd in bestand.

XLIV.
Aim den weyher verbrennen.

Wer verurtailt wirt mit recht
Vnd das mit trowen *) widerfecht
Hauen, kriegen, mörden, stechen
Vnd sich an grossen herren rechen
Den laßt man lauffen, wüten, reffen
Er kan doch nur ain weyher verbrennen.
Wir schelmen hand ein sundre art
Wa man vns betzwinget hart
Vnd wir das recht verloren hand
So rechen wir vns an dem land
Vnd sagen witwen waysen ab **)
Biß das sy gond an bettelstab
Vnd rechen vns nur an den frumen
Zu den rechten sy nit kumen,
Ain vrsach hat der schelm erdicht

Das

*) Drohen.
**) Absagen, befehden, verfolgen, berauben.

Das er gern guldin hat villycht
Darumb er arme leüt verbreüt
Kindpetterin vnd die kinder schennt
Die kirchen gotes dartzu bricht
Vnd die priesterschaft ersticht
So hast du dich gerochen dann
An dem armen schlechten man
Der dir kain laid nye hat gethán.
Diese schelmen hond noch brüder
Deren büben waißt ain yeder
Aller weg gelegenhayt
Vnd sind tag vnd nacht berait
Wa man schödigen will ain statt
So seinds bereit ee man sy bat
Die sich kriegs vnd vnglücks fröwen
Den armen noch vil bösers tröwen
Vnd schaden thund er sy absagen *)
Warnen so sy es hyn hond tragen
So soll man sich dañ erst versehen
So der schaden ist geschehen
Weñ ich dörft, so wolt ich yehen **)
Das ich die solt gesetzet han
Zu den schelmen vornen dran.

*) Den Krieg ankündigen.
**) Sagen, behaupten.

XLV.

XLV.
Der teüfel ist Abt.

Das ist freylich ain frömbder orden
Darin̄ der teüfel Abt ist worden
Da ghört nit hyn das hailig creütz
Der Abt müst weichen sunst beseitz.
Betbücher ligt verbergent all
Das onser Abt nit drüber vall
Wie dunckt das euch so frömbde märe
Ob der teüfel Abt schon wäre
Man findt wol semlich *) böß prelaten
Die thund vil teüfelischer thaten
Dan̄ der Teüfel auß der hellen.
Gaistlich Prälaten jagen wellen
Blasen, heülen, hochgwild fellen
Vnsinnigcklichen ren̄en, baitzen
Den armen leüten durch den waitzen
Mit zwaintzig, dreyssig, viertzig pfärden,
Seind das gaistlich Prelatisch bärden **)
Weñ die Bischoff jeger werden
Vnd die hund die mettin singen
Mit heülen den gotzdienst vollbringen.
In clöstern thund das auch die äpt

Ich

*) Solche. **) Gebehrden, Sitten.

Ich waiß wol wie man diñen lebt
Die clöster seind gestifftet worden
Zu halten ain geistlichen orden
So wölt ir yetzund fürstlich leben
Wärt ir dauß man würdt euch geben
Schmale pfeñing wert zu essen
Der teüfel hat euch gar besessen
Das ir doch auß gaistlichen gaben
Vil mehr hund getzogen haben
Dañ brüder in dem closter sind
Oder sunst gaistliche kind
Vnd hond das closter gar vergifft
Die pfründen auff die hund gestifft
Wolan, wolan, was wölt ir wetten,
Eure brüder werden Metten
Ainmal singen von eüret wegen
Das euch der teüfel gibt den segen
So er doch on das Apt ist worden
In eürem so schelligen orden.

XLVI.
Gantz leis gebachen.

Frau Venus mit hoflichen sachen
Ist gantz vnd gar zu leis gebachen
Vnd ist aus seydenfaden gspuñen

Vil

Vil verthon vnd wenig gwañen,
Ich kan nit wissen wies zugat
Das yetz ain yede samat hat
Darinn sy höflich *) einher gat
Vnd yetzund ist kain vnterschaid
Was seck sind oder seyden klaid
Man findt yetzund wol ainen sack
Der doch weder nacht noch tagk
Arbaiten oder dienen kan
Noch wil er seyden klaider han
Ain spañen oder zwo beleyt **)
An dem rock den er antreyt
Von samat, damast, vnd von seyden
Vnd von den besten tůchen schneyden
Dartzu so hurisch vnd so frech
Ob es schon morn gantz widerbrech.
Es waren fråuen in kurtzen jaren
So hübsch als jr yetz ymer waren
Also zierlich, also schon
Frůmer, lieber, der Ern ain kron,
Noch warens nit so leyß gebachen
(Beschyssen als jr ytzund machen
Noch setzt ir auf ain gelbe brů
Vnd lůgt yede wie sy jm thů

Das

*) Gleich einer Hofdame.
**) Belegt, verbrämt.

Das sy jr brangen fürher bring
Vnd wöllen haben alle ding,)
Sy lond jn seydin klayder messen
Vnd honds brod nit im hauß zu fressen
Verderbt euch selber vnd den man
Das jr müßt an den bettel gan
Laßt euch dafür ain kyttel machen
Vnd seind nit also leiß gebachen
Das man wiß ain vnderschaid
Was adlich sey vnd peurisch klaid.

XLVII.
Die backen kielen.

Die genß hond gar ain schöne art
Obschon aine nit durstet hart
Sobald ain andre truncken hat
Trinckt sy gleich an derselben stat
Gleich also kielen wir die backen
Vnd künen weder guck noch gacken
Ich hab wol sehn die backen kielen
Das dy schelmen niederfielen
Vnd strauchten von der wand zu wand
Het ich jn vmb ain gwissen stand
Geben tausent guldin lon
Sy hettens warlich nit gethon

Vnd künden weder gon noch ston.
Was der teütsch auff erd anfacht
So wird dabey der fläschen dacht,
Des hat man vns in wälschem land
Zu teütsch Inebriag genannt
Vnd ist vns allen sampt ain spot
Vor der welt vnd auch vor got
Das alle welt muß von vns sagen
Wie yeder teütsch ain fläsch thu tragen
Wie wir zu trincken ainander nöten
Vnd vns mit sauffen selber tödten
Wiewol das offt die Erberkait
Verbotten hat hoch bey dem aydt
Noch keren wir vns nit daran
Das wasser muß sein lauff wol han
Wen̄ wir die backen hond gekielt
Ain gut gesell dem andern zielt
Gantz auß das glas oder vier stein
Die witz *) heraus, den wein hynein
Den̄ werden wir so voll allsampt
Das sich ain yeder billich schamt
Also wie ein ku zu trincken
Wen̄ vns dan̄ die zung wird hincken
So gat es erst recht an die ryeman **)

Vnd

*) Verstand.
**) Flaschen, welche an Riemen hingen.

Vnd will des andern zag seyn nieman *)
Je ainer den andern fürter bitt,
Das ers mit küblen in sich schütt
Den weinbach durch den kragen richt
Damit er jm sein leben bricht.

XLVIII.
Vnder der rosen reden.

Ich hab offt vnder roten rosen
Geklafft, gekallet vnd gekosen
Hett ich ain dreck zur selben stund
Dafür gehabt in meinem mund
Ich het sein warlich baß genossen
Vnd wär tauglicher mir erschossen.
Reden ist nit allzeit gut
Darumb so halt dein maul in hut
Vnd richt nit alle landmär auß
Das dir nit kum vnglück ins hauß
Halt zu vnd bschleuß die brot täsch
Dein vnnütz maul nit allzeit wäsch
Mit frumen vnd mit erbern leütten.
Red ist nit gut zu allen zeitten.
Darumb so lern sparmunde machen
Du muſt sunst wain, so du möchst lachen.

*) Keiner will sich vor dem andern fürchten,
oder sich von ihm übertreffen laſſen.

Doch hond die schelmen ainen fund
Was sy schwätzen alle stund
Vnd von den erbern leütten kosen
Hond sy es thon vnder der Rosen,
Nit weitter soll es komen dañ
Ich waiß nit, wie verschwygen kan
Von vilen bleiben semlich red
Die er selb nit verschwygen het.
Was schwyg er nit ins teüfels namen
So schwygen die andern alle samen
Dañ fahents an glossieren schon
Wie man ir reden sol verston
In beichtens weiß vnd anders nit
Wa hat der arm sein Eer damit
Der da frum ist vnd auch bider
Wer gibt jm dañ sein Eren wider
Die du jm abschwätzest zuruck
Mit lugen vnd mit schelmenstuck
Der teüfel hat dich so verkert
Mit falschen lugen beichten glert
Er hat dich selber auch gehört
Vnd wirt dir geben deinen lon
Zu seiner zeit Absolution.

  Hie endet sich die Schelmenzunfft, vnd
  folgt hernach der verloren sun.

Der verloren Sun.

Ich bin derselb verloren Sun
Vnd kan üppig schendtlich verthun
Was mir mein vatter gibt zun Ern.
Weñ ich mich dañ kan nym ernern
Vnd gantz vnd gar nym schwymen kan
So lauff ich haym vnd wayn jm bran
Ich bin derselbig trucken knab
Mein erb ich langst gefordert hab
Von meinem vatter in seym leben,
Ain strick an halß sölt er mir geben
Den ich doch baß verschuldet hätt
Dañ das das ich vmb mein erbtail bät
Noch hab ich das von frävelm mut
Gefordert meines vatters gut
Als ain junger lecker thut
Der doch nit erkeñen kan
Wie saur das gut ist komen an
Mein armen vatter vnd den frumen
Der das gar hart hat überkumen
Das ich on witz vnd all vernunfft
Gab, das ich kaufft der schelmen zunfft
Die mir zuletst gab bösen lon
Vnd ließ mich in groß armut ston
Das ich schier hungers war gestorben

Het ich nicht vmb ain ampt geworben
Der schwein zu hüten, zu jn gsessen
Vnd mit jn grobe kleyen gessen
Der ich doch nit genug mocht hon
Do fieng mirs an zu hertzen gon
Vnd lernt in meiner armut schwymen
Do ich so gantz kund watten nymen.
Ich sprach, o herr got vatter mein
Wie kört ich zu dir wider ein
So ich mein erb vnd als dein gut
Verzeret hab in argem mut
Mit der öden schelmen rott
Das ich bin worden gar zu spott.
Herr sich mich an, ich bin der knab
Darumb du stygst vom hymel ab
Vnd suchtst mich arms verlornes kind
Dem du doch billich wärest sind
Herr Vatter ich bin dein creatur
Die du warntest also sur
Vnd fandst mich an den galgen wider
Do du dein haubt im todt legtst nider
Wie frum ich bin, merck alle welt
Das du mich fandst am galgen feld
Hettst du mich an eerlichem ort
Gewißt, du hettst gesuchet dort

So ich nun war ain galgen kindt
Do man all böse lecker findt
Do ich solt billicher ghangen sein
Wañ du, hertzliebster vater mein
Vnd doch dein vätterlichs gemüt
Vor grösserm fall freündlich behüt
Erbarm dich mein, herr, vnd verzeich
Beweiß mir gnad in deinem reich.

Des Vaters Antwurt.

Kum herein hertzliebstes kind
Wañ all mein glid beweget sind
Mein hertz, mein leib vnd all mein muot
Empfahen dich mein flaisch vnd blut
Wie hab ich dich so saur erarnt
Vnd so vätterlich gewarnt
Ich armer vatter meiner kind
Das sy mir so gar vntreü sind.
Mein lieber sun du sagest wor
Das ich dich sucht am galgen vor
Ich muſt wol suchen da du waſt
So du dich selb dar gfieget haſt
Wie war ich so ain betrübter man
Jetz leit *) mir noch ain schwärers an

*) Liegt.

Das mir doch nit vergessen kan
Ich wolt gern laiden noch ain tod
Das ich abthet der schelmen rott
Darinn ich dich yetz fand mein kind
Wie bist du doch so gar erblindt
Das du dich stellst zun schelmen dar
Vnd meiner güt vergissest gar.
Du solist dich doch der schelmen schamen
Von ains eerlichen vatters namen
Der da ist ein frumer man
Vud nye kain schelmenstuck hat than
Glaub mir es bringt mir grossen schmertzen
Vnd geet mir gantz kläglich zu hertzen
Das ir euch so zusamen rotten
Mit schelmenstucken mich verspotten
Vnd ist mir doch ain herte pein
Der ich mag nymer frölich sein
Wa ich das hör von meinen kinden
Das sy sich bey den schelmen finden
Vnd erst ain zunfft hond zugerist
Was freüden das aim vatter ist.
Das merck ain yeder bey seim kindt
Señ er dasselb vnerlich findt.

Ver-

Verspruch des verlornen Suns.

Ich hab gesündt mit bösen berden
Vor dir mein got vnd auch auff erden
Vnd hab mein erbtail gar verthon
Yetz fachts mir zu hertzen gon
Ich sich, das es nit mag beston
Darumb ich mich des billig klag
Vnd vätterlichem hertzen sag
Das ichs vmb dich wol hab verschuldt
Verloren gar meins vatters huld
Dartzu mich selber auch geschannt
Vnd sol dein sun nym̄ sein genannt.
Wir kynden auch nit meer begeren
Dañ das wir nur dein diener weren
Wir hond nit thon als frume kind
Darumb wärst du vns billich sind
So du vns aber hilffst aus laidt
Durch dein grundtlos barmhertzigkait
Vnd durch dein vätterlichen muth
Erkeüst vns für dein flaisch vnd plut
Vnd für deine arme kind
Die so gar verfaren sind
Ermanen wir dich noch ain mol
Als ain kind billichen sol
Verzeyhe vns, vnser herr vnd gott

Das wir stond in der schelmen roll
Vnd hond ain schendlich zunfft gemacht,
Wa es hinraicht, nit vor bedacht
Weert die zunfft schon lange zeit
Es kumpt ain stund das sy erleit. *)
Lange zeyt ward ewig nye
Dort wird das end, weert sy schon hye
Diese zunfft kumpt gar zu spot
On Gotes Eer vnd sein gebot.
Die will ich vatter dir erzelen
Mich vnd alle mein gesellen
Das alle ding kläglich zergon
On du mein gott vnd vnser lon.
Wiß herr, das vnß nyemans hat
Gestellt her an der schelmen statt
Dañ vnser frävel vnd mutwill
Der ons verleckert nur zu vil.
Wir hond vns selber hergestellt
Vnd wissen das es dir nit gfelt
Es hat auch nyemans schuld daran
Wir hond das alles selber than
Durch vnsern bösen freyen willen
Thund wir die schelmenzunfft erfüllen.
Ain ebenbild laßt mich euch seyn
Jr bben schelmen all gemein

Vnd

*) Erliegt, aufhört.

Vnd merckt wie got mich hat empfangen
Wie schändtlich es mir ist ergangen
Do ich eüer zünfftgenoß was
Vnd gantz in meines vaters haß
Vnd hett durch sein barmhertzigkait
Dennocht erlößt aus allem laidt
Mich bösen sein verlornen sun
Do ich sein gut het als verthun
Keert vmb mit mir zu gotes gnad
Das euch der schelmenzunfft nit schad
Wañ *) wer von blawen enten predigt
Mit falscher leer den glauben schedigt
Derselbig lernet **) got gar wol
Wie er jn selbet strafen sol.
Wer yederman den wein austufft
Derselb sich offt vnd dick verrufft
Vnd findt gerad ain solchen man
Der jn den wein auch ruffen kan.
Redst du schon den brieff entzwey
Noch sind der richter mancherley
Vnd must mit got erst darnach rechten
Der jm kain strōen bart laßt flechten
Vnd kert sich an kein eysen beissen
Noch laßt kein groben possen reissen.

Kanst

*) Denn, sintemal.   **) Lehret.

Kanſt du dañ auff den flaiſchbanck geben
Des nympt dir wider *) got dein leben
Vnd kan dir mort mit wort ermeſſen
So du wänſt **) er habs vergeſſen.
Er laſt jm an kain kerbholtz rechen
Vnd jm ain haller nit abprechen
Es muß betzalt ſein bey aim har
Ja ſeind die gottes wörter war.
Friß den ſchulſack wie du wilt
Noch iſt damit got nit geſtilt
Verdienſt du noch zwölff grawer röck
So farſt du dennocht an die ſtöck
Das got vergilt den falſchen böen
Die auß aim holen hafen teben
Die alten dreck auch ſtincken machen
Das ſye es werden nymer lachen
Vnd geet auch nymer wol den ſchelcken
Die fälſchlich vnſer oren melcken
So iſt der hyppenbuben orden
Offt hye vnd da geſtraffet worden
Vnd die das gelt nement zuruck
Kain redlich man braucht ſolche ſtuck.
So waiß ich wol, wer faul garn ſpint
Das er zu knüpffen vil gewinnt

Vnd

*) Wieder.   **) Wähneſt.

Vnd hilfft kain praten schmacken mer
So werdent leüß im peltz so fer
Dich beissen, das du soltest wöllen
Kaine nymer drein zu stellen
Auch ist klappren vnd schwätzen hye
Vngestrafft belyben *) nye.
Zwischen stülen nidersitzen
Ward nye geachtet für ein witzen
Was hilfft es das wir wörter geben
Tieff erschöpffet in dem leben
Wenn der tod yetz zuher kumpt
So ist der prunn vnd mund erstumpt
Dañ wird dir laid die saw zu krönen
Vnd hilfft nit meer die wort beschönen
Auch wird die hitz vnß thun so wee
Das kain nasser knab wird mee.
Die reichstöt seind mit dir zergangen
So werden mit meer meüß gefangen
Hettest allen speck auff erden
So mag kein fall **) mer bstrichen werden.
Wer will dañ in den prunnen tragen
Oder nuß im sack zernagen
Vnnütz vögel, falsche beicht
Vnd alles was die seel macht leicht
Grund vnd boden dannen weicht
Vnd

*) Geblieben. **) Zeine Fall.

Vnd alle schelmenstuck damit
Die ich weitters erzele nit
Vnd alle zierden hye auff erden
Allain wir zu dir sehen werpen
Auff deine gnab, in deine henb
Darumb wir ŋetzund vatter wend *)
Der schelmenzunfft auff erd vns massen
Vnd von deinen wegen lassen.
Wamit die schåudtlich zunfft vmbgat
Wir sehen, das es nit fug hat
Vnd mag die leng hye nit beston
So nympt es dort ain bösen lon.
Seind wir schon schelmen vnd nit bider
Noch kereŋ wir ŋetzund all wider
Mit dem verlornen sun mit schall
Zu vnserm lieben vatter all
Das er durch sein gnadreichen mut
Erkeñ vns für sein flaisch vnd blut
Vnd für sein verlorne kind
Der noch vil auff erden sind.
Hertzliebster vatter herr vnd gott
Erbarm dich über die schelmen rott.

Die entschuldigung des zunfftmaisters.

Verlorner hauff vnd schelmen rott
Du hast verachtet vnd verspott

Mich

*) Wollen.

Mich vnd mein ainfeltigs gedicht
Darumb das ichs hab villicht
Nit gesetzt nach deinem willen
Wie kan ich yedes bgird erfüllen
Vnd euch all setzen vornen dran
So ir solt in der ordnung stan.
So ir nun murmeln wider mich
Versech ain yeder selber sich
In hundert tausent teüffel namen
Setzt euch selbs vnd ruckent zamen *)
Ich muß mer scheltens von euch hören
Dañ wårt ir erber leüt von Eren.
Dem bin ich grob, dem andern schlecht
Vnd kan euch schelmen thun nit recht
Ir maint, ich solts baß hon beschönt
Do ich die saw hab vor gekrönt
Vnd solt euch anders hon gestellt
Wie euch dasselb nur wol gefellt
So ich zunfftmaister bin gewesen
Hab ich die zuhfft auserlesen
Wie ich sy allzeit leckers find
Ir thund wie die bösen kind
Vnd greifft mir in mein ampt hynein
Ich will nit mer zunfftmeister seyn
Ich ließ euch wol den ritten han

*) Rücket zusammen.

Ee das ichs met wolt nemen an
So ir auff mich fúrt solche klag
Glaubt mir, das auff den jungsten tag
Wird man euch ain maister geben
Der euch zu stellen waißt gar eben
Wa ain yeder hin gehört
Do mancher schelm selbs übel fört
Der wird euch werlich leren ston
Vnd geben den verdienten lon
So werdt ir sagen ich was bider
Ach hetten wir den Murner wider
Des überredt mich dañ kain man
Das ich das ampt nem wider an.
Ich hab die schelmenzunfft beschriben
Vnd bin auff gmeiner red belyben
Wa ich dañ hett insunderhait
Troffen ain, das wär mir laidt
Wañ mein mainung ernstlich was
Nyemans melden hye auß haß
Freüntlich, schimpflich *) zaigen an
Wo doch irret yedermañ
Vnd wie man Erlich gsellschaft lat **)
Vnd in der schelmenzunfft ombgat
Die ich zu Franckfurt an dem main
Anfencklich dichtet zu latein

Darum

*) Scherzhaft. **) Ladet.

Darum du findst, das ich auch kan
Ernsten *) wo es fug mag han
Wiewol ich bin in teütscher sprach
Vil schimpfreden **) gangen nach
Darumb du dich nit ergern solt
Das ich so schimpflich reden wolt
Wañ wer dem vngelerten will
Schreiben, der muß schimpfen vil
Wiewol mein schimpfen wär auß not
Warlichen vil der bitter tod.
Frag ainen der von Franckfurt ist
Wer dise zunfft hab zugerist
So wirst du wol ain antwurt finden
Von mañ vnd weib, vnd auch von kinden
Das ich ernsten kan mit schimpff
Vnd doch nit laß der Eren glimpff
Ich kañ das böß vnd auch das gut
Vnd schick mein sach als billich thut
Der nach gelegenheit der sachen
Grossen ernst kan schimpflich machen
Grossen schimpf mit ernst verkeren †)
Vnd mit baiden arten leren
Ich wolt der welte taube beschreiben
Da must ich auff dem schlag verbleiben

Wañ

*) Ernstlich sprechen.   **) Scherzreden.
†) Vermischen, ridendo dicere verum.

Wañ *) wer beschreibt der welte stat **)
Der muß wol sagen wie es gat
So gat es warlich nit fast wol
All die welt ist schelmen voll
Die ich taxiert hab in der gmain †)
Insunderheit geweißet kain
Träff ich ain mit dem schelmen bain
Das er mit fluchen widerredt ††)
So wißt ich das ich troffen hett.
Darumb wer weißheit brauchen will
Derselbig schwaig nur lauter still
Vnd nem sich diser zunfft nicht an
So will ich jn mit friden lan
Wollt er aber trotzig schnurren
Vnd wider mein zunftgenossen murren
Der Kaiser wär jm nit dafür
Er müst sich stellen lan von mir
In dise zunfft, vnd vornen dran
Als ich den andern hab gethan
Ich hab ir manchen hergestelt
Der hett verwettet all sein gelt
Das ich so frävel nymer wäre
Zun schelmen ju zu stellen here
Des flucht man mir manch guten ritten

         Durch

*) Denn.   **) Zustand.
†) Im Allgemeinen.   ††) Widerspricht.

Durch got hab ich es als erlitten
Tugend wird gelobet hye
Wiewol jr ward vergolten nye
Gott der gibt der tugend lon
Des wart ich auch in himels thron
Als alle prediger hond gethon.

Die schelmen kamen ainmal zamen
Vnd baten vmb ain andern namen
Das ichs doch nannt der gsellen rott
Nain ich *) warlich vnd bey gott
Wolt ir euch der schelmen schamen
So thund eerlich ins henckers namen
Vnd lassent euern schelmen tandt
Jn teütschem vnd in wälschem landt
So seind ir des von mir vertragen **)
Vnd dörffent nit meer von mir klagen
Allweil ir euch der stuck nit massen
So müssent ir euch schreiben lassen
Ja solt euch euer hertz zerprechen
Man hat mir dröwt offt zu erstechen
Do ich die narren hab beschworn †)

*) Vernein ich, schlag es ab.
**) Jch will mit euch im Frieden leben.
†) Murner zielt damit auf seine 1512. und hernach
öfter gedruckte Narrenbeschwörung, in welcher
eben

Als trōtwen iſt an mir verlorn
Do ich die narren wolt beſchwōren
Sy mainten auch mir das zu wōren
Der muß freylich frū auffſtan
Der yederman wol dienen kan
Vnd yedem ſtopffen wol den mund
Der wißt meer dañ gott ſelber kunt
Wañ diſe zunfft iſt alſo blind
Daß ſy vmb wahrhait werden ſind
Ich bin ſo ſtark nit in mein glider
Das ich des waſſirs lauff ker wider
Darumb muß ich ſy laſſen ſchelten
Vnd der warhait offt entgelten
So ich ain braiten rücken hab
Erſchrick ich deſto minder drab
Die bōſen wort mag ich wol tragen
Des laß ichs an ain kerbholtz ſagen
Ob es euch ſchon gantz nichts gefellt
Noch dañocht ſeind ir her geſtellt
Von mir geſchendt in aller welt.

  eben ſo viel Witz und Freymüthigkeit in Beſtra-
fung der Thorheiten ſeiner Zeitgenoſſen herrſchet.

Gloſ-

Glossarium.

Aber bedeutet: wiederum, abermal. Es kommt auch in Luthers Bibelübersetzung vor, z. Er. 1 Kön. 8, 65. Phil. 4, 16. und behält auch in der Zusammensetzung diesen Verstand, z. Er. Aberacht, Aberbann, proscriptio iterata.

Als, so; z. E. als gut, so gut.

Anwenden, antreffen.

Aufwichsen, ist ein Elsassisches Provinzialwort, das man aber auch noch heut zu Tage im Nürnbergischen hört, und bedeutet so viel als: alles hergeben oder auftragen, was ein anderer verlangt, ad lubitum ea, quae petuntur, expromere. Aufwächsen heißt in Oberhessen: herrlich leben, schmausen. S. Estors Versuch eines Oberheſſ. Wörterbuchs, in der bürgerlichen Rechtsgelehrsamkeit der Teutschen S. 105.

Ausrichten, kommt in gedoppelter Bedeutung vor: 1) lästern, verleumden, 2) abfertigen.

Begieten, beschönigen, für gut ausgeben.

Bete, Biete, Steuer, Zins.

Bracht, Geräusch, Geschrey. *Scherz. Gloss.* col. 179. In diesem Sinne gebraucht Murner das Wort. Es heißt aber auch, wie Scherz bemerkt, splendor et claritas principum in aedibus, vestimentis et reliquo cultu. a *brechen*, splendere.

Dicht, Gedicht.

Dick, oft.

Din, dyn, darin.

Dörstig, dürstig, freventlich.

Donder, Donner.

Dreusche, Drossel, ein Vogel, turdela.

Erarnen, erwerben, verdienen. In *Wenkeri* Appar. Archivar. p. 380. liest man: „Das „mit und dadurch ihre plutvergießen die wirde „des h. richs, den stande des Chuuf. vnd an= „der mer hoheit durch die h. römisch kirch vnd „von den h. gemeinen Concilien erarnet vnd er= „langt haben.„ Von dem Stammwort **arnen** siehe *Scherzii* Glossar. col. 60. 61.

Ermes=

𝕰rmeſſen, vergelten.

𝕰rnſten, etwas ernſtlich behandeln.

𝕰rſchießen, nützlich ſeyn. S. Scherz col. 352.

Find, Feind.

Freyhartsknaben, liederliche, ausgelaßne Leute; ex *frey* et *hart*, quae terminatio exprimit opprobria, ſagt *Scherz* col. 423. Das Bayriſche Landrecht gibt unter andern Urſachen einer rechtmäßigen Enterbung an, „ſo ein Kind ohne „der eltern willen ſich in leichtfertig uibung vnd „buebenleben begebe, als ſo es ein freyharts„bueb oder ein gauckler wurd, oder lieſſe ſich „mit den thieren zu kämpfen umb geld be„ſtellen.„

Gach, jäh, ſteil, voreilig, praeceps tempore, loco, animo; ſonſt jach, gäch, gauch. Die Redart: Es iſt mir gach, bedeutet: Eilen, ſich übereilen. S. *Scherz* l. c. col. 462.

Gelten, hat eine vielfache Bedeutung: 1) zahlen, 2) leihen, 3) kaufen, 4) Gilt entrichten, 5) vergelten. *Scherz* col. 515.

Gerten, Ruthe.

Göffelsmaul, von göffen oder gaffen. Geiler von Kaisersberg setzt in seinen Schriften öfters Gaffentretter und Göffel, Begaffer, zusammen.

Gra, grau.

Gönnen, gönnen.

Hätzen, Hätz, Häher, Atzel. S. Scherz col. 619. *Golius* im Onomasticon latinogermanicum (Arg. 1582. 8.) setzt col. 317. *Pica*, Atzel, Aglaster, Alster, Hetz.

Hellig, eitel, unnütz, matt, tenuis, inanis.

Hippenbub, Hippenträger, crustularius, wird als ein Schimpfwort gebraucht. Hippenwerk ist res vana, debilis, ab *hippen*, crustulum. S. Hrn. Prof. Oberlin de *Johannis Geileri Caesaremontani* vulgo dicti *von Kaysersberg* scriptis germanicis p. 36.

Höre, Heer.

Hor, Haar.

Hotten, fortkommen, nachfolgen. S. Scherz col. 697. *Joh. Heumann* in den Opusculis, quibus varia iuris germanici itemque historica et philol. argumenta illustrantur (Nor. 1747. 4.) schreibt S. 679: *Hotten, es will nicht hotten;*

botten; a voce aurigarum. Propinquum eſt ὠϑεῖν. Slav. *botowiti,* apparare, accingere, expedire.

Jarritten, Ritten, das Fieber. Jarritten, ein peſtilenzialiſches Fieber. Friſch im teutſchen Wörterbuch und Scherz im Gloſſar. halten es zwar, vermuthlich durch die Schreibart verleitet, für ein langwieriges, Jahre lang dauerndes Fieber. Die am Rheinſtrom noch übliche Ausſprache dieſes Worts aber: Gåhritten, giebt zu erkennen, daß es ein peſtilenzialiſches Fieber ſey, welches jäh und ſchnell ein Ende macht. In Agricola teutſch. Sprüchwörtern lieſt man öfters: daß dich der Jarritt hol! Siehe Hans Sachſens Gedichte in einem Auszug aus dem erſten Buch (Nürnb. 1781. 8.) S. 409. f.

Jehen, ſagen, behaupten; vermuthlich von Ja.

Jndert, Xendert, irgend.

Jrten, Schmaus. In Frankens Sprüchwörtern Th. I. Bl. 3. kommt vor: Die Zech vor der Jrthen machen. Daß Jrten aber auch die Zeche bedeute, hat Scherz col. 742. bewieſen.

Kallen, ſchwätzen, ſchreyen, ſingen.

Kat, Koth.

Klaffen, plaudern.

Lernen, lehren.

Loße, Ferkel.

Lugen, sehen, beobachten.

Liedlon, lydlon, der Dienstboten Lohn.

Mag, der Magen.

Mägetlein, Mädchen.

Neinen, verneinen, eine Bitte abschlagen.

Nöter, der Comparativ von noth.

Oed, hat außer der noch heut zu Tag gewöhnlichen Bedeutung auch diese, daß es so viel heißt, als häßlich, abscheulich. Daher setzt Murner in der Schelmenzunft beides zusammen: Der öde schentlich man. Und in der Gäuchmatt sagt er Cap. IV.

    So sy nun geuchery welln trieben

    Abe so mag ich nym beliben

    By sölchen öden bösen wyben ꝛc.

Ritten, siehe Jarritten.

Schawfalt, Schaufalt. Dieß Wort hat zwar Scherz angeführt und eine Stelle beygebracht, wo es vorkommt, aber nichts zur Erläuterung desselben gesagt. Es ist ein zusammengesetztes Wort, aus Schau und Falte, davon jedes eine vielfache Bedeutung hat. Aller Wahrscheinlichkeit nach ist es ein Stück des weiblichen Anzugs, oder die Arbeit an einem Stück des weiblichen Putzes. Das Wort Schau, Schaub, enthält nach seiner ältesten Bedeutung den Begriff von tegmentum, einer Decke. Wir haben sie noch heut zu Tag in zwey Wortey, die quoad obiectum sehr weit von einander abzustehen scheinen, worin wir aber doch den Urbegriff einer Decke liegen sehen. Schaub, Schaubbündel, ist ein Bündel des schönsten und längsten Strohs, womit die Bauern ihre Häuser statt des Ziegel = oder Schindel = oder Schieferdachs zu decken pflegen. Die Benennung des Schaubs, als eines Zeichens, das für marschirende Truppen zur Bezeichnung des Wegs, oder an Waldgegenden ausgesteckt wird, die man hayen oder hegen will, und daher den Trieb des Viehes dahin verwehret, kommt nur von dem Nebenbegriff her, daß auf die darzu bestimmte Holzstange ein Strohwisch gesteckt wird. Schaube ist ein Kleidungsstück, so von den Schultern über den Leib bis auf die Füße herab

herab gehet, und Kopf und Füße ausgenommen, den ganzen Leib bedeckt. Schaube war sonst die Tracht der Männer und der Frauen. In Nürnberg nennt man noch die moorenen Habite der Senatoren Schauben. Das Suffix b an Schaub, Schaube darf uns nicht irre machen. Es ist nicht wurzelhaft. Wir finden viele Wörter von dieser Wurzel Schau mit Suffixen ohne b, die den Hauptbegriff der Bedeckung in sich haben. Ohne sich mit entferntern aufzuhalten, heißen die Elsasser einen Rock der Bauerweiber Schauez. — Falt, als das andere Wort, heißt plica, und hat diese Bedeutung in gar vielen germanischen Dialecten. Im Schwedischen heißts: Fåll; im Isländischen: Fallð; im Hamburgischen Fal, Fals, plica, oder eine Falte; im Alemannischen und bey Ulphilas: Foldan; im Angelsächsischen Feoldan, und im Dänischen: folden, plicare, falten.

Wenn also das Wort Schaufalt ein Stück von Frauenkleidung anzeigt, so ist es ein gefalteter Rock; oder es ist nur von einer Schauben- oder Rockfalte die Rede. Bezeichnet es aber ein Geschäft oder eine Handlung, so ist es das Präteritum von dem Zeitwort: schaufalten, eine Schaube in Falten legen. Ulphilas ge-

brauch-

brauchte ein Wort, das überaus viele Aehnlichkeit mit diesem hat, nämlich: Saifalth, wo es plicavit hieße.

Schellig, schällig, zwieträchtig, kriegerisch; vermuthlich von Schall.

Scheuhung, die Scheu.

Schimpf, Scherzrede.

Schimpflich, scherzhaft.

Stat, Stand, Zustand, Stätte, Ort.

Stächlin, stählern, von Stahl.

Strauchen, wanken, fallen.

Tädingen, teidingen, vereinigen. S. Scherz col. 1612 - 1613.

Tonder, Donner.

Töbig, unsinnig, von toben.

Tröwen, drohen.

Trippel, ein Haufe Viehes, oder liederlichen Gesindels.

Vast, sehr.

Veloglock, Feldglock, nennt Murner den Galgen.

Verdöwen, verbauen.

Vernügen, vergnügt, zufrieden seyn.

Ver-

Vernügig, vergnügt.

Verkeren, verführen.

Vnderſos, Unterſaß, Unterthan.

Wann, denn, ſintemal, dieweil.

Weiben, ein Weib nehmen.

Wicht, ein Taugenichts.

Widderreden, widerſprechen, vertheidigen.

Zendert, ſ. Indert.

Zag, furchtſam.

Zammen, zemmen, zuſammen.

Zarten, ſtreicheln, zärtlich behandeln.

Einige

Einige Sprüchwörter und sprüchwörtliche Redarten, aus diesem Buch gesammlet.

Sich an ein Schelmenbein reiben.

Ein Schelmenbein im Rücken haben.

Das Kind mit dem Bad ausschütten.

Einem das Hälmlein bieten.

Eine Krähe macht (zeugt) keinen Hätzen.

Von blauen Enten predigen.

Ein Loch durch einen Brief reden.

Einem den Leimen klopfen.

Einem einen ströhernen Bart flechten.

Lockvögel feil tragen.

Ueber einen den Muff schlagen.

An ein Kerbholz reden.

Einen auf die Fleischbank geben.

An einen Stock fahren.

Aus dem Fuezsaß trinken.

Wen man schilt, der schreibts in Stein,

Der aber schilt, in Staub hinein.

Die Ohren melken.

Den

Den Braten schmecken.

Lügen, daß die Balken krachen.

Zwey Zungen in Einem Hals tragen.

Läuse in den Pelz setzen.

Wasser in den Rhein tragen.

Zwischen Stühlen niedersitzen.

Mit Einem Hund zween Haasen jagen.

Wo man schmiert, da fährt man gut.

Willst du den Rauch nicht, so mache kein Feuer.

Sparmunde machen, d. h., vorsichtig seyn im Reden.

Weder guck noch gack verstehen.

www.ingramcontent.com/pod-product-compliance
Lightning Source LLC
Chambersburg PA
CBHW031343160426
43196CB00007B/729